Isobel Kuhn

Grüne Blätter in der Dürre

BRUNNEN
VERLAG GIESSEN · BASEL

ABCteam-Bücher erscheinen in folgenden Verlagen:
Aussaat Verlag Neukirchen-Vluyn
R. Brockhaus Verlag Wuppertal und Zürich
Brunnen Verlag Gießen und Basel
Christliches Verlagshaus Stuttgart
Oncken Verlag Wuppertal und Kassel

Aus dem Englischen von Ulrike Zellmer
Lektorat: Eva-Maria Busch

Überarbeitete und neu übersetzte Ausgabe
Umschlagmotiv: Renate Diehl
Umschlaggestaltung: Ralf Simon
Herstellung: Ebner Ulm
ISBN 3-7655-3648-2

Inhalt

„Grüne Blätter in der Dürre" schildert das Schicksal einer Missionarsfamilie in den Jahren 1950–1953, kurz nach Gründung der Volksrepublik China.

Warum wird diese „alte Geschichte" noch einmal neu erzählt? Die Erlebnisse von Familie Mathews zeigen anschaulich, wie Menschen „Wüstenzeiten" meistern und auch unter schwierigsten äußeren Verhältnissen Gottes Hilfe erfahren können. Darum ist „Grüne Blätter in der Dürre" nicht nur ein eindrucksvolles Zeitdokument über China und die dortigen Christen, sondern ein Mut machendes und inspirierendes Buch.

Eine verborgene Quelle

Am 23. Juli 1953 erhielten wir als Erste die Nachricht. Wir befanden uns im Basislager in Chiengmai, Nordthailand. In jenen heißen Ländern kommt es beim Hausbau vor allem auf Luftdurchlässigkeit an – weniger auf Wahrung der Privatsphäre –, und so erscholl Johns Ruf durch alle Räume. „Dr. Clarke und Arthur Mathews sind frei! Sicher in Hongkong!" Er hatte soeben das Telegramm erhalten.

Ich ging gerade durch den hinteren Flur zur Küche, blieb auf der Stelle stehen und rief aus: „Gott sei Dank!" Aus jedem Zimmer des Hauses hörte man ähnliche Rufe; spontan stimmten wir ein Loblied an.

Wie dankbar waren wir, dass die beiden leidgeprüften Männer, die von den Kommunisten im fernsten Winkel Nordchinas festgehalten worden waren, nun endlich die Freiheit erlangt hatten. Gleichzeitig waren sie die Letzten unserer CIM-Familie, die freikamen. Erleichtert konnten wir sagen: „Die Mitglieder der größten evangelischen Missionsgesellschaft in China (CIM = China Inland Mission) sind alle unversehrt durch dieses ‚Rote Meer' hindurchgeführt worden. Nicht *einer* ist gefoltert worden."

Ich selbst war 1950 sozusagen durch Chinas Hintertürchen hinausgeschlüpft. Mit unserem sechsjährigen Sohn flüchtete ich durch den Dschungel von Oberburma bis zum nächsten zivilisierten Ort, um von dort aus heim nach Amerika zu fahren. Mein Mann war zurückgeblieben, weil er sich um Hunderte von jungen Christen kümmern wollte, die in jenen Schreckenstagen zum Glauben gekommen waren.

Ich lebte nun sicher in Amerika (sozusagen „hinter dem Plüschvorhang") und verfolgte von dort, wie unser Gott eine Mitarbeiterfamilie nach der anderen aus China herausführte. Im Januar 1951 hatte die Missionsgesellschaft die überraschende Anweisung zur Evakuierung aller Mitarbeiter gegeben: 601 Erwachsene und 284 Kinder sollten – möglichst umgehend – aus den entlegensten Gebieten Chinas zurückgeholt werden. In diesen Zahlen waren die Missionare und ihre Kinder, die bereits nach Hongkong evakuiert worden waren, nicht einmal enthalten. Würden die Kommunisten sie alle gehen lassen? Und woher sollten die finanziellen Mittel für eine solche Aktion kommen?

Während wir in jenen Tagen Gottes Wundertaten beobachteten, fühlte ich mich wie der Apostel Paulus, der vor der Insel Malta Schiffbruch erlitten hatte. „Der Hauptmann ... ließ die, die schwimmen konnten, als Erste ins Meer springen ..." (Das waren Danny und ich. Wir hatten die Gelegenheit gehabt, zu entkommen und uns auf sicheres Land zu retten.)

„Die anderen aber einige auf Brettern, einige auf dem, was noch vom Schiff da war. Und so geschah es, dass sie alle gerettet an Land kamen" (Apostelgeschichte 27,43.44). Paulus hatte die Zusage erhalten, dass alle gerettet werden würden: „Siehe, Gott hat dir geschenkt alle, die mit dir fahren" (Apostelgeschichte 27,24).

Ich denke, dass Paulus unter denen war, die schwimmen konnten; er war sicher unter den Ersten, die an Land gelangten. Als er dort auf dem Trockenen stand und die schreckliche Brandung sah und darin die auf- und niedersinkenden Köpfe der Nichtschwimmer, die sich an dünne Bretter und Wrackteile klammerten – was mag er wohl gedacht haben? Was empfand er wohl, während die letzten beiden sich durch die Wogen kämpften? Das furchterregende Tosen der Brandung, die hilflosen schwarzen Punkte, die in Sicht kamen, wenn die Planke, an die sie sich klammerten, auf einen Wellenkamm gehoben wurde, dann aber wieder völlig untertauchten, wenn sie in ein Wellental sausten ... Während Paulus dem Kampf dieser letzten beiden zusah, betete er bestimmt unablässig: „Alle, Herr! Du hast versprochen, dass *alle*, die bei mir waren, gerettet werden! Auch wenn es den Anschein hat, dass sie überhaupt nicht vorwärts kommen ... wenn sie womöglich schon starr vor Kälte sind ... ich weiß, dass du ihnen die Kraft gibst, durchzuhalten. Ich vertraue dir, Herr!"

Zwei Jahre lang beobachteten wir unsre letzten beiden Missionare, Dr. Rupert Clarke und Arthur Mathews (und eine Weile auch Frau Mathews und ihre Tochter Lilah sowie Clarence Preedy), die von den grausamen Machthabern des Regimes festgehalten wurden, das sie systematisch auszuhungern versuchte. Manchmal hörten wir eine Zeit lang nichts von ihnen und beteten voller Sorge um sie. Dann gelangte mit einer unsichtbaren Woge ein Brief zu uns, und wir erhaschten wieder einen Blick auf sie, wussten, dass sie noch am Leben waren und sich an die Planke klammerten. Aber das Erstaunlichste war ihre geistliche Kraft. Woher nahmen sie diese Kraft? Sicher nicht aus sich selbst, denn kein Mensch kann solche Leiden durchstehen und doch so getrost und heiter daraus hervorgehen.

Als ich eines Morgens an einer Gebetsveranstaltung teilnahm, betete jemand: „Ach, Herr, gib, dass ihre Blätter in den Zeiten der Dürre grün bleiben!"

Auf einmal wusste ich, hier lag die Antwort. Der Bibelvers aus Jeremia 17,8 kam mir in den Sinn: „Der ist wie ein Baum, am Wasser gepflanzt, der seine Wurzeln zum Bach hin streckt. Denn obgleich die Hitze kommt, fürchtet er sich doch nicht, sondern seine Blätter bleiben grün; und er sorgt sich nicht, wenn ein dürres Jahr kommt, sondern bringt ohne Aufhören Früchte."

Das war es! Es gab eine verborgene Wasserquelle, die diese Menschen am Leben erhielt, von der auch die Verfolgung in einem totalitären Regime sie nicht abschneiden konnte.

Dieses Buch handelt von jener unsichtbaren Quelle. Es war nicht unsere Absicht, ein weiteres Buch über die Verfolgungen in einem kommunistischen Regime zu schreiben. Vielmehr wollen wir von der verborgenen Quelle berichten, die es einem Baum ermöglicht, grüne Blätter zu treiben, während alle anderen Bäume ringsum verdorren.

Dürrezeiten im Leben eines Menschen können natürlich auch andere Ursachen haben als politische Verfolgung. Es gibt viele Gründe, weshalb unsere Lebensfreude schwinden kann. Gibt es auch dann für uns eine geheime Quelle, die in der tödlichen Dürre nicht versiegt? Das vorliegende Buch möchte eine Antwort auf diese Frage geben.

Isobel Kuhn

Erster Teil

Die Dürre beginnt

Ein eisiger Empfang

„Arthur, es fängt an zu schneien! Sieh mal, wie Lilah mit den Augen blinzelt, wenn ihr eine Schneeflocke ins Gesicht fällt.“

„Ja, Liebling, ich weiß. Es ist auch wirklich kein Vergnügen, bei diesem Wetter auf einem offenen Lastwagen zu sitzen und über das Dach der Welt zu fahren – noch dazu im Winter! Aber der rote Schneeanzug hält sie schön warm. Es sind nur noch dreißig Meilen bis Hwangyuan, es wird also nicht mehr lange dauern.“

Wilda Mathews lächelte durch die nun immer dichter fallenden Schneeflocken und drückte ihr dreizehn Monate altes Baby enger an sich.

„Ein Glück, dass ich in Lanchow so guten, warmen Stoff gefunden habe. Ich habe den Anzug groß genug genäht, damit sie ihn noch im nächsten Winter tragen kann. Jetzt, unter dem Roten Regime, weiß man ja nie, was man in der nächsten Zeit noch bekommen kann.“

Der LKW holperte und fuhr mit Schwung um eine Kurve, so dass alle Fahrgäste sich schnell irgendwo festhalten mussten. Sie saßen oben auf der Ladung, schutzlos dem Fahrtwind ausgesetzt, und mussten aufpassen, dass sie nicht herunterfielen. So reiste man 1950 in China. Die junge Mutter hatte schon einige Erfahrung darin, und so hatte sie sich sorgfältig auf die Fahrt mit dem Baby vorbereitet.

„Das einzig Gute an diesem Schneegestöber“, fuhr Arthur

fort, als eine mehr oder weniger gerade Strecke vor ihnen lag und eine Unterhaltung wieder möglich wurde, „ist die Aussicht, dass wir nun endlich unter den Mongolen arbeiten können! Es ist doch unglaublich: Während alle anderen Missionare an ihre Evakuierung denken, sind wir eingeladen, Pionierarbeit zu leisten! Von der chinesischen Kirche eingeladen mit Billigung durch die kommunistische Regierung – wenn das kein Wunder ist!"

„Glaubst du nicht, dass die Regierung das nur deshalb genehmigt hat, um bei der Gemeinde von Hwangyuan, die das Gesuch gestellt hat, ihre Propaganda für Religionsfreiheit zu untermauern?", meinte Wilda.

„Zweifellos. Aber genauso sehe ich darin die Hand Gottes, um die Mongolen mit dem Evangelium zu erreichen. Diese Last wurde mir schon seit Jahren aufs Herz gelegt. Ich bin dem Ruf nicht gefolgt, als ich im 2. Weltkrieg zur Armee ging – der Patriotismus war mir damals wichtiger. Aber jetzt habe ich das Gefühl, dass Gott mir eine zweite Chance geben will. Deshalb habe ich die Einladung nach Hwangyuan gleich angenommen.

Leonard Street weiß das – obwohl er als Superintendent uns nicht gern noch weiter weg von jeglicher Zivilisation schickt ... gerade jetzt, da einem der gesunde Menschenverstand rät, sich dort aufzuhalten, wo man im Ernstfall leicht das Land verlassen kann ... Aber man muss doch den Glaubensmut haben, seiner Berufung zu folgen."

Wilda schwieg eine Weile. Der Wind war eiskalt und blies ihr die Schneeflocken in den Nacken. „Meine Füße werden ganz steif", murmelte sie schließlich.

„Das tut mir leid – versuch mal, sie ein wenig zu bewegen. Jetzt wird es nicht mehr lange dauern, dann werden wir am Ziel sein. Ich habe gehört, dass die Plymires eine sehr schöne Station errichtet haben. Auch ihre Bücher und Möbel sind noch dort ... Sie dachten ja, dass sie bald zurückkehren. Wir dürfen erst einmal alles benutzen."

„Ja, daran denke ich auch gerade. Sie haben einen großen ausländischen Kochherd und eine Orgel. Ob die Gemeinde wohl ein Begrüßungsfest für uns veranstalten wird? In normalen Zeiten wäre das selbstverständlich, aber vielleicht wagen sie es jetzt nicht, die verhassten „Imperialisten" freundlich zu empfangen. Wissen sie denn überhaupt, dass wir mit diesem Wagen kommen?"

„Ja, ich habe ihnen eine Nachricht geschickt. Schau mal – ist das nicht schon Hwangyuan?" Der Wagen wand sich aus einer tiefen Schlucht heraus. Vor ihnen lag ein kleines Tal und am Berghang ein Städtchen. Die flachen Lehmdächer ließen die Häuser wie aneinander gereihte Schachteln erscheinen. Dazwischen erhoben sich Masten, an denen schmutzige, zerrissene Tücher flatterten – die tibetanischen Gebetsflaggen. Die Stadt war von einer Mauer aus Lehmziegeln umgeben, und wie gewöhnlich lag das Muslimviertel mit seiner Moschee außerhalb der Mauern. An den Ufern des Flusses Sining standen hohe, kahle Pappeln, die sich schwarz von dem Hellbraun der Straße und Lehmhütten abhoben.

Wenige Augenblicke später hielt der Wagen an der Kreuzung vor dem Stadttor, das zu schmal war, als dass sie hätten hindurchfahren können. Chinesen aller Gesellschaftsschichten standen herum und gafften, aber auch andere gelbhäutige Menschen mit farbenfrohen Trachten und Kopfschmuck. Arthur erhob sich mühsam und versuchte auch seiner Frau auf die steif gefrorenen Füße zu helfen. Dabei ließ er seinen Blick über die schweigende Menge schweifen. Wo mochte das Empfangskomitee sein?

Ein paar Ausrufe waren zu hören, als er das Baby in seinem roten Schneeanzug hochhob. Die Herzen der Chinesen haben sich von jeher von kleinen Kindern anrühren lassen, und so übte auch Lilah eine unwiderstehliche Anziehungskraft aus. Mit ihrem schwarzen, lockigen Haar, ihren schwarzen Augen und der sehr hellen Haut war sie für diese Menschen der Inbegriff von Schönheit. Aber unter denen, die hao-kan (schön) murmelten, war keiner, der sich lächelnd nach vorn drängte, was so viel bedeutet hätte wie: „Ihr gehört zu uns! Wir haben euch eingeladen!"

Ein Mann mittleren Alters mit einem dünnen Spitzbart kam auf sie zu, und ein etwa zwanzigjähriger Chinese stellte sich neben ihn. Aber auch auf ihren Gesichtern lag keine Freude.

„Ma Mu-shih?" (Pastor Mathews?), fragte der Mann mit dem Spitzbart.

„Der bin ich", gab Arthur mit seinem warmherzigen Lächeln zurück. „Und wie ist Ihr ehrenwerter Name?"

„Ich bin Pastor Jen vom Evangeliumssaal", entgegnete der andere mit gezwungenem Lächeln. Aber womöglich war das bloß eine Vorsichtsmaßnahme angesichts einer so großen Zuschauermenge. Es war unter dem Roten Regime nicht ratsam, einem Amerikaner oder Australier (Arthur war Australier und Wilda Amerikanerin) auch nur die geringste Freundschaft entgegenzubringen. Deshalb hörte auch Arthur auf zu lächeln und verbeugte sich mit ernster Miene.

„Das ist Samuel", fuhr der Pastor fort und zeigte auf den jungen Mann.

Wilda erinnerte sich, gehört zu haben, dass Samuel früher mit den Plymire-Kindern gespielt hatte und somit fast zur Familie gehörte. Sie warf ihm also ein verständnisvolles Lächeln zu, das jedoch nicht im Geringsten erwidert wurde. Die politische Entwicklung in diesem Land schien tatsächlich jede freundschaftliche Beziehung zu zerstören.

Steif verbeugten sie sich voreinander, und dann erkundigte man sich nach dem Gepäck. Die beiden Chinesen nahmen das Handgepäck und führten die Neuankömmlinge durch das Stadttor und über die mit Kopfstein gepflasterten Straßen zur Missionsstation. Die Bewegung tat ihren kalten, verkrampften Muskeln gut. Unterwegs ließ Arthur seine Blicke hierhin und dorthin schweifen. Ihm fiel auf, wie bunt gemischt die Bevölkerung war, denn diese kleine Stadt befand sich am Rande des weiten tibetanischen Graslandes, nicht weit vom Kokonorsee entfernt.

Bald standen sie vor einem Torbogen, auf dem in chinesischen Schriftzeichen „Evangeliumssaal“ geschrieben stand. Hier wurden sie von einigen Chinesen empfangen. Zu jeder Seite des Eingangs befand sich je ein Zimmer. Rechts wohnte Pastor Chin, links Pastor Jen. Neben Pastor Chins Zimmer war ein großes Gebäude, das als Garage oder Abstellraum diente.

Durch das Haupttor gelangten sie nun in einen Hof, an den die Kapelle, die Klinik und die Gemeindeküche angrenzten. Arthur war an den chinesischen Baustil gewöhnt und vermutete, dass man durch die Kapelle zum Hof des Missionars gelangte. Das Missionarshaus lag gewöhnlich hinter allen anderen Gebäuden, und war somit der privateste Teil des ganzen Komplexes. Doch zunächst lud man sie zu einer Tasse Tee in die Kapelle ein.

Sobald sie sich innerhalb der Station befanden, flüsterte Pastor Jen Arthur rasch zu: „Sagen Sie mir nur, was Sie brauchen, ich werde es besorgen! Alles, was Sie wollen!“ Erleichtert und dankbar lächelte Arthur ihn an. Aber bald stellte sich heraus, dass Jen hier keineswegs die Verantwortung trug.

Beim Tee erschien ein Dr. C. mit zwei chinesischen Krankenschwestern. Seit der kommunistischen Machtübernahme forderte die Regierung, dass jedes Mitglied der Staatsgemeinschaft sich produktiv und nutzbringend in die Gesellschaft einbringen sollte. Gottesdienste fielen natürlich nicht in die Kategorie „nutzbringend“. Die Gemeinde hatte daher eine medizinische Arbeit angefangen und sich von der Regierung als Hospital registrieren lassen. Der chinesische Arzt Dr. C. fühlte sich als Leiter der Station und verhielt sich entsprechend. Während sie Tee tranken, hörte

Arthur, wie jemand den inneren Hof fegte – bestimmt wurden nun ihre Zimmer hergerichtet.

Nach dem Tee wurden sie tatsächlich durch ein Tor in den innersten Hof geführt. Auf einem Rasenstück inmitten des gepflasterten Hofes stand eine Fichte, und dahinter erhob sich ein zweistöckiges Haus mit Balkon. Wilda stieß einen erleichterten Seufzer aus. Aber was hatte das zu bedeuten? Pastor Jen führte sie gar nicht zum Gästehaus, sondern etwas abseits zu dem Küchengebäude.

„Hier werden Sie wohnen", sagte er ernst und deutete auf einen kahlen kleinen Raum, in dem eine Arbeitsbank, ein großer Eisenherd und ein Schaukelstuhl standen.

„Und wo sollen wir schlafen?", fragte Wilda, die schon bemerkt hatte, dass das geräumige Schlafzimmer sich direkt über der Küche befand. Die Hitze des Herdes würde dort eine angenehme Wärme verbreiten.

„Kommen Sie, ich werde es Ihnen zeigen", lautete die Antwort.

Zuerst waren sie erstaunt, dann entsetzt, als er sie aus dem Gebäude herausführte, über den Hof in das Gästehaus hinein, dort eine Treppe hinauf. Am entlegensten Ende des zweiten Stockes lag ein ungeheiztes kleines Zimmer, in dem es eiskalt war. Nur zwei Holzbetten standen darin und eine eingebaute Kommode.

Pastor Jen meinte entschuldigend: „Heute Nacht können Sie hier schlafen, aber Dr. C. möchte die Betten für sein Hospital haben."

„Und was ist mit dem Schlafzimmer über der Küche?", fragte Wilda.

„Dr. C. und seine Familie wohnen darin. Die beiden Krankenschwestern, eine davon ist meine Tochter, schlafen im Zimmer daneben. Mehr Zimmer haben wir nicht. Gute Nacht." Pastor Jen machte noch eine Verbeugung und verließ das Haus.

Wilda, die trotz des heißen Tees noch nicht wieder warm

geworden war, wandte sich erschrocken an ihren Mann. „Arthur, hier stimmt doch etwas nicht!“

„Das kommt mir auch so vor.“

„Sie scheinen uns auch nicht gerade begeistert erwartet zu haben ...“

„Solch einen eisigen Empfang habe ich noch nicht erlebt“, meinte Arthur.

„Man hat uns versprochen, dass wir den ganzen inneren Hof für uns haben“, jammerte die enttäuschte Mutter.

„Ja, aber den hat Dr. C. bereits beschlagnahmt ... Und es sieht nicht so aus, als würde er uns etwas abtreten. Wir müssen wohl nehmen, was man uns zur Verfügung stellt.“

„Aber Arthur“, protestierte Wilda, „was soll ich denn mit Lilah machen? Ich muss die Kleine doch baden, und im Winter bedeutet das, ich muss sie in der Küche waschen, wo es warm ist. Soll ich sie anschließend etwa durch Schnee und Sturm tragen, um sie dann in diesem Eisloch ins Bett zu bringen!“

„Einen Schritt nach dem anderen“, versuchte ihr Mann sie zu besänftigen. „Jetzt gehen wir erst mal hinunter, und ich mache ein Feuer im Küchenherd an. Dann hole ich das Gepäck und schaue nach, ob ich ein paar Konserven und einen Topf finde. Der Herr wird uns Freunde schicken, du wirst schon sehen. Ich habe gespürt, dass Pastor Jen gern mehr für uns täte, aber er hat es nicht gewagt. Wenn Pastor Chin von Lanchow zurückkommt, wird er uns bestimmt helfen.“

Sie zündeten eine Petroleumlampe an und begannen, die Küche zu erforschen.

„Dieser riesige Ofen wird eine Menge Kohlen schlucken“, meinte die junge Mutter besorgt. „Wir brauchen einen dicken Geldbeutel, um mit diesem Herd über den Winter zu kommen.“

„Das habe ich auch gerade gedacht“, entgegnete ihr Mann, während er noch ein paar Kohlen aufs Feuer legte.

„Da kommt der Pastor. Sicher ist unser Gepäck angekommen."

Sie können sich später nicht mehr entsinnen, was sie an diesem Abend gegessen haben. Arthur musste noch das Gepäck durch den Zoll schleusen und den Wagen durch die dunklen nassen Straßen zurückbringen. Doch bald lagen die drei in dem kalten winzigen Zimmer unter ihrer Bettdecke, seelisch und körperlich erschöpft.

„Arthur, warum haben sie uns bloß eingeladen, wenn sie uns gar nicht haben wollen?", überlegte Wilda.

„Darüber habe ich auch schon nachgedacht. Die Hwangyuankirche ist nicht die CIM. Die Gehälter der Pastoren sind immer von den Weißen bezahlt worden. Vermutlich haben sie geglaubt, dass wir ihre Gehälter aufbessern würden – und so dafür sorgen, dass sie diese große Station halten können. Vielleicht haben sie sich erkundigt, ob nicht ein anderer weißer Missionar hier wohnen könnte, und man hat ihnen gesagt, dass wir dazu bereit wären ... Also haben sie uns eingeladen. Aber in der Zwischenzeit haben sie erfahren, dass ihr Leben in Gefahr ist, wenn sie Gehälter von einem Ausländer annehmen. Und nun sind wir im Grunde eine Belastung für sie. Eigentlich müssen wir Mitleid mit ihnen haben."

„Dann ist also alles ein Irrtum?", fragte Wilda müde.

„Oh nein", widersprach ihr Mann energisch. „Erinnerst du dich an den Vers, den ich in der Bibel las – an dem Morgen, als wir die Pässe bekamen? Da ging es um unser Vertrauen zu Gott. Vielleicht hat Gott uns nicht zu der chinesischen Kirche geführt ... Aber es gibt ja noch die unerreichten Mongolen! Hast du heute Nachmittag bemerkt, wie viele verschiedenartige Menschen sich in dieser Stadt aufhalten? Noch nie haben wir eine bessere Gelegenheit gehabt, Menschen mit dem Evangelium zu erreichen, die bisher noch nie davon gehört haben. Hier wohnen Tibeter,

Mongolen, Ureinwohner, Muslime, Chinesen und viele andere – ein geradezu strategischer Ort!

Ich bin mir sicher: Wäre der Apostel Paulus hier, würde er bis zum letzten Atemzug die Stellung halten. Er würde bemerken, dass die Tibeter selbst aus Lhasa und Indien hierher kommen. Ebenso Mongolen aus allen Gebieten nördlich und westlich von Kokonor. Es würde ihn mit Macht auf diese Landstraßen hinausziehen ... Wilda, ich glaube, der Herr hat uns hierher geführt. Wir sollten gespannt sein, wie sich sein Plan entwickelt."

Trotz aller Schwierigkeiten schliefen Wilda und Arthur in dieser Nacht voller Vertrauen auf ihren Herrn – und mit einer neuen Vision für ihre Aufgabe in diesem entlegenen Landesteil.

Wenn die Hitze kommt

Arthur sollte Recht behalten mit seiner Annahme, dass Gott ihnen Freunde zur Seite stellen würde. Schon am folgenden Tag wurden sie von drei freundlichen Gesichtern begrüßt, einem chinesischen und zwei mongolischen.

Ben war erst achtzehn oder neunzehn Jahre alt, ein ehemaliger Schüler des Grace Bibelinstituts in Hangchow, der als Heimatmissionar in die wilden entlegenen Gebiete seines Landes gekommen war und den Rat und die Gemeinschaft der weißen Missionare suchte. Er wohnte mit einem mongolischen Lehrer zusammen, der auch die letzten Missionare unterrichtet hatte, direkt hinter ihnen. Dessen Frau Sengel war nur zu gern bereit, Wilda zur Seite zu stehen, wie sie es auch bei der anderen Missionarsfrau getan hatte.

Arthurs Freude war groß, dass er nun wieder seine mongolischen Studien aufnehmen konnte, die er bereits in Lanchow begonnen hatte; und auch Wilda freute sich über die Hilfe bei der primitiven Haushaltsführung.

Bereits am ersten Sonntag wurde Arthur gebeten, auf Chinesisch zu predigen, und das tat er auch. Er stellte dabei der Gemeinde die Notwendigkeit vor Augen, missionarisch zu arbeiten, um jene zu erreichen, die noch nie das Evangelium gehört hatten.

Am Schluss bat Pastor Jen um Freiwillige, die bereit wären, in die umliegenden Dörfer zu gehen und das Evangelium zu verkündigen. Arthur hob zusammen mit den chinesischen Christen die Hand. Doch während ein alter Christ die Freiwilligen in Gruppen einteilte, kam Pastor Jen auf Arthur zu und flüsterte ihm ins Ohr: „Sie gehen lieber nicht dorthin." Dann bestimmte er ein Gemeindeglied, das mit Arthur gemeinsam die Christen in der Stadt besuchen sollte.

Als er am Nachmittag von solchen Besuchen zurückkehrte, sprach er mit Wilda über seine Erfahrungen. „Es ist offensichtlich ... Jen und die anderen fürchten sich", meinte er. „Anscheinend sollen wir der chinesischen Kirche nicht bei der Evangelisation helfen. Und Dr. C. hat mir klargemacht, dass er mich nicht in der Klinik benötigt. Dabei hat Pastor Chin uns doch gesagt, dass man uns bei der medizinischen Arbeit braucht ... Deshalb habe ich ja auch für hundert Dollar Medikamente gekauft!"

Seine Wurzeln zum Bach hinstrecken beschreibt vielleicht das Vorrecht des Christen, ein Problem in der Gegenwart Gottes durchzudenken. Während Arthur das tat, kam ihm eine Idee. Die Mongolenkarawanen aus Kokonor kamen außerhalb der Stadtmauer vorbei, wo einige Häuser standen. Vielleicht könnte man eines der Häuser mieten und eine Art Herberge für die Karawanen einrichten? Die Mongolen brauchten einen sicheren Ort, an dem sie ihre

Tiere und ihr Geschirr lassen konnten, während sie in die Stadt gingen, um Käufer für ihre Wolle zu finden und Einkäufe für die Rückreise zu tätigen – Gerstenmehl, Stoffe, Eisentöpfe und dergleichen. Vielleicht kannte Pastor Jen einen geeigneten Ort?

„Ja“, entgegnete der Pastor, als Arthur ihn befragte, „das ist womöglich eine gute Idee.“ Und tatsächlich kannte er einen Christen, der ein geräumiges Haus direkt an der Straße besaß. Dort gab es einen großen Raum im oberen Stockwerk, direkt über einem Hof, der groß genug war, dass Kamele darin untergebracht werden konnten.

Die beiden begaben sich sofort dorthin, und tatsächlich war der Besitzer bereit, das Haus zu vermieten. An diesem Abend kehrte ein glücklicher Missionar zu seiner Frau nach Hause.

„Wir haben es!“, rief er aus. „Ich werde es tünchen lassen und dann Plakate in tibetanischer, arabischer und chinesischer Sprache an die Wände hängen, die das Evangelium verkündigen. Ich werde einen Lesetisch aufstellen mit Literatur in all diesen Sprachen, denn es werden ja nicht nur Mongolen dorthin kommen. Jetzt weiß ich auch, weshalb ich all die Medikamente mitbringen musste! Wir werden dort eine Klinik einrichten, so dass sie nicht nur für ihre Seele, sondern auch für ihren Körper Hilfe bekommen!“

In den folgenden Wochen arbeitete Arthur mit Feuereifer daran, die christliche Herberge einzurichten. Er legte einen Dielenfußboden, ließ einen Schrank für Medikamente bauen und ein großes Bett schreinern. Eines Tages traf er einen Mongolenjungen, sprach mit ihm und merkte, dass dieser ihn verstand! Der Junge führte ihn zu seinem Zelt und stellte ihn seiner Mutter vor.

In der Zwischenzeit waren zwei weitere chinesische Heimatmissionare zu Ben gestoßen, Timothy und John. Ihr lebendiger Glaube war auch für Familie Mathews ein Ansporn.

Wilda machte gemeinsam mit der Frau von Pastor Jen Hausbesuche in Hwangyuan, nicht ahnend, dass ihre liebevollen Worte und ihr Lächeln in jenen Tagen der einzige Dienst waren, den sie ihnen erweisen konnte. Hudson Taylor pflegte zu sagen: „Es liegt eine große Macht in persönlichen Kontakten. Sie sind vielleicht unsauber, und manchmal sind wir versucht, unsere Röcke zusammenzuhalten; aber ich glaube, dass in diesem Fall kein Segen fließen kann ... Es liegt eine große Kraft darin, wenn wir diesem Volk nahekommen, und sogar in der Berührung liegt eine wunderbare Kraft. Eine arme Frau in Chen-tu sagte, als sie von dem Tod einer gewissen Missionarin erfuhr: ‚Welch ein Verlust für uns! Sie hat immer meine Hand gehalten und mich so getröstet ...‘ Berührung ist eine reale Macht, die wir für die Sache Gottes nutzen können.“

Am 8. Dezember 1950 sollte die christliche Mongolenherberge eröffnet werden. Am Tag zuvor kam ein kleiner Junge zu Arthur gerannt. „Chinesen! Eine chinesische Truppe hat deine Herberge besetzt.“

Man kann sich Arthurs Gefühle vorstellen, als er zu dem Haus eilte. Tatsächlich – Mädchen und junge Männer einer Propagandagruppe hatten sich in den Räumen verteilt. Er konnte sie nicht an die Luft setzen, machte aber seinem Unmut Luft. „Ihr habt nicht das Recht, euch hier einzunisten! Ich bezahle die Miete und alles andere hier.“

Wenn er doch geschwiegen hätte! Zwar blieb die chinesische Gruppe nicht in dem Haus, doch am selben Tag kam Pastor Jen zu Arthur und bat ihn, sich nicht wieder in die Herberge zu begeben. „Wir Chinesen werden uns darum kümmern“, meinte er etwas betreten.

Am 9. Dezember betrat ein Polizist das Missionsgelände, marschierte in die Küche und erkundigte sich nach Timothy. Als der erschien, wurde ihm vorgeworfen, er habe sich bei seiner Ankunft in Hwangyuan nicht ordnungsgemäß angemeldet. Weiterhin verkündete der Vertreter des Gesetzes: „Niemandem auf diesem Gelände ist es gestattet, ohne unsere Erlaubnis in den Dörfern zu arbeiten. Und die Weißen dürfen schon gar nichts tun. Sie dürfen keine Versammlungen außerhalb dieser Station abhalten, keine Traktate verteilen und keine Medikamente ausgeben. All ihre Tätigkeiten müssen sich auf dieses Gelände beschränken ..." – und mit diesen Worten verließ er sie.

Man kann sich vorstellen, welch eine vernichtende Niederlage dies für Arthur und Wilda bedeutete. Es war bereits der vierte Schlag, den man ihnen zumutete: Zuerst hatte man Arthur untersagt, bei der medizinischen Arbeit mitzuhelfen. Dann hatte man ihm verboten, in den Dörfern außerhalb der Stadtmauer zu evangelisieren. Danach hatte ihn der chinesische Pastor gebeten, nicht mehr zur Mongolenherberge zu gehen, die er mit so viel Mühe und Geld hergerichtet hatte – und nun sollte sein Wirkungskreis allein auf das Stationsgelände beschränkt werden. Was gab es innerhalb dieser Mauern schon zu tun? Es schien gerade so, als ob alle ihre Bemühungen, das Evangelium in Wort und Tat zu verbreiten, abgelehnt wurde.

Wie schon gesagt, standen Arthur und Wilda nur wenige Möbel und praktisch keine Bücher zur Verfügung. Die Plymires, die vorher hier gearbeitet hatten, besaßen genug davon, und auch die Habseligkeiten anderer Missionare lagerten – in Koffern verpackt – in einem Gepäckraum.

Einer dieser Missionare hatte Arthur in einem Brief gebeten, seine Koffer zu öffnen und ihm etwas daraus zu schicken. Also war Arthur mit dem Brief zu Pastor Jen gegangen. Die beiden schlossen das Zimmer auf, in dem das Gepäck aufbewahrt wurde. Der junge Samuel war jedoch sofort zur Stelle, stürzte zur Orgel mit den Worten: „Die haben mir die Plymires versprochen!", und begann schon, sie aus dem Raum zu befördern.

Arthur begriff, dass das Öffnen der Koffer von den Chinesen als eine Art „Freigabe zur Plünderung“ verstanden wurde. Daher weigerte er sich klugerweise, irgendetwas von den fremden Möbeln oder Büchern selbst zu benutzen.

Und so lebten Arthur und Wilda weiterhin in ihrer kleinen Küche mit nur einem Tisch, zwei Stühlen und einem Schaukelstuhl für das Kind. In die Ecke hatte Wilda einen großen Koffer gestellt und eine Reisedecke darüber gebreitet. Dies wurde nun ihre Gebetsecke. Hier knieten sie nieder und breiteten ihre Enttäuschungen vor Gott aus. Für Arthur war es besonders bitter, die Tür zu den Mongolen geschlossen zu sehen.

„... Denn obgleich die Hitze kommt, fürchtet er sich doch nicht, sondern seine Blätter bleiben grün ...“ – Wieder einmal erhoben sie sich getröstet von ihren Knien und überlegten, was aus ihrem „mongolischen Traum“ noch werden könne.

Arthur besprach sich mit Pastor Jen und beschloss, das neu ausgestattete Gebäude als Basis für die Evangelisationsarbeit der chinesischen Kirche zu nutzen. Schließlich spielte es keine Rolle, *wer* diese Arbeit tat, wenn nur das *Evangelium* gepredigt würde! Dafür waren ja auch die drei chinesischen Heimatmissionare hier, die nach einer offenen Tür Ausschau hielten. „Meine einzige Bedingung ist“, meinte Arthur, „dass Ben, Timothy und John das Haus ebenfalls als ihre Basis nutzen dürfen.“

Für die drei jungen chinesischen Missionare war die Situation ebenfalls nicht leicht. Sie kamen aus den zivilisierteren südlichen Provinzen, was man leicht an ihrem Akzent erkennen konnte. Alles Fremdartige erregte in jenen Tagen Argwohn, und so fühlten sich die drei jungen Männer hier im Norden auch fast wie Fremde. Immer enger schlossen sie sich an Arthur und Wilda an und suchten Gemeinschaft und Ermutigung.

Ben stand ihnen besonders nahe. Die Übersetzung seines chinesischen Namens lautete „Glorreiches Wohlwollen“ –

aber das sah geschrieben so umständlich aus und passte so gar nicht zu dem eifrigen Jungen, der noch nicht einmal zwanzig Jahre alt war. Arthurs Begeisterung für die Arbeit unter den Mongolen sprang sogleich auf ihn über – vielleicht wurde sie auch zusätzlich verstärkt durch die Einschränkungen, die dem weißen Missionar auferlegt wurden.

Wilda schrieb darüber in einem Brief an Freunde in der Heimat:

„Die Türen öffnen sich für andere – junge chinesische Männer und Frauen, die den Ruf in den Dienst vernommen und eine Ausbildung in einer Bibelschule oder einem Seminar erhalten haben. Sie wollen nun in das weite Erntefeld in Chinas Nordwesten kommen.

Ben ist nach Tulan gereist, um unter den Mongolen zu arbeiten. Er ist von schmächtiger Gestalt, und mit seiner Gesundheit steht es nicht zum Besten, doch er hat einen starken Glauben und festen Mut, was er bei dieser Arbeit sicherlich brauchen kann.

In der Nähe der kleinen Stadt Tulan leben möglicherweise mehr als fünftausend Mongolenfamilien in Zelten. Zu ihnen will Ben gehen. Das Leben hier ist sehr schwierig und teuer, und er lebt im wahrsten Sinne des Wortes aus dem Glauben, denn er hat keine Gruppe hinter sich, die ihn unterstützt. Er hofft, sich durch Haareschneiden seinen Lebensunterhalt verdienen zu können. Herr W., ein christlicher Schuster aus unserer Gemeinde, ist ebenfalls nach Tulan gezogen, um dort das Evangelium zu verbreiten. Sicher werdet Ihr für diese beiden Männer beten, die unter solchen Umständen das Licht verbreiten wollen."

Ben blieb nicht lange in Tulan. Seine Geschichte ist typisch für die chinesische Kirchengeschichte mit ihrem Glauben, Leiden und den Enttäuschungen. Noch bevor das Jahr zu Ende ging, war er wieder bei Arthur und Wilda. Nach ihren eigenen Enttäuschungen wussten sie, wie sie ihren jungen Mitarbeiter trösten konnten.

Doch schon im nächsten Frühjahr freute sich Ben auf einen neuen Einsatz in Tulan. Und diesmal wusste er, was ihn dort erwartete. „Seine Blätter bleiben grün ..." Das galt für den jungen chinesischen Heimatmissionar so gut wie für die älteren, erfahrenen Ausländer. Die geheime Quelle ihres Lebens war nicht versiegt.

Der Eisvogel kämpft um seine Beute

Arthur und Wilda hatten beschlossen, einen Ausreiseantrag zu stellen. Nachdem ihnen jeder Dienst außerhalb des Missionsgeländes versagt worden war, hatten sie sich – begleitet von viel Gebet – zu diesem Schritt durchgerungen. Und sie fühlten sich auch darin bestärkt, als sie merkten, dass ihr Brief, der die Missionsleitung von diesem Entschluss in Kenntnis setzte, sich mit einem Brief aus dem Hauptquartier gekreuzt hatte. Alle Mitglieder der CIM wurden darin aufgefordert, China zu verlassen, da ihre weitere Anwesenheit der chinesischen Kirche schade und sie in Gefahr bringe.

In ihrer Naivität erwarteten die beiden, dass der Ausreiseantrag schnell genehmigt würde, da sie den chinesischen Machthabern so offensichtlich ein Dorn im Auge waren! Ihr Interesse an der Ausbreitung des Evangeliums unter den Mongolen war nicht geringer geworden, doch die Umstände schienen zu bestätigen, dass Gott wohl nicht *sie* als Werkzeuge gebrauchen wollte.

Dr. C. war inzwischen zum Vorsitzenden der örtlichen Medizinergesellschaft ernannt worden. Innerhalb weniger Tage hatte er angeordnet, die Klinik in der Mongolenherberge zu schließen. So mussten sich die chinesischen

Heimatmissionare anderswo eine Unterkunft suchen. Die jungen Männer waren entmutigt. John beschloss, nach Hause zurückzukehren. Doch Ben und Timothy reisten nach Kweiteh und Hwanglung, um in den dortigen Gemeinden zu wirken. Zwischendurch kehrten sie immer wieder nach Hwangyuan als ihrem Stützpunkt zurück.

Arthur tat es Leid, dass die chinesische Kirche die jungen Männer nicht mehr unterstützen konnte. Doch es war schon zu Hinrichtungen gekommen, und jeder befand sich in Lebensgefahr. Er schrieb:

„Der Pastor erklärte uns heute, dass sie versuchen wollen, eine Krippe für die Kinder der Soldaten einzurichten, wenn wir fort sind. Sie wissen, dass die ganze Station aufgelöst wird, wenn wir gehen. So liegt unsere Aufgabe und unser Wert nach Ansicht der hiesigen Kirche darin, durch unsere Anwesenheit eine Beschlagnahme der Gebäude zu verhindern.

Wir haben von ganzem Herzen alles versucht und wirklich geglaubt, dass der Herr uns hier eine Aufgabe gibt. Aber er hat die Türen absichtlich geschlossen – das hat er uns klar und deutlich gezeigt. Also können wir mit gutem Gewissen versuchen, durch die einzige Tür zu gehen, die uns in diesem Augenblick offen erscheint.“

Arthur und Wilda begannen ihre Habseligkeiten zu sortieren und verkauften alles, was sie bei der Ausreise nicht brauchen würden. In ungefähr einer Woche würden sie sich auf der Heimreise befinden, so glaubten sie, und behielten lediglich die Teller, Schüsseln und Becher aus Blech, die sie auf der Fahrt mit dem Lastwagen benötigten.

Das Gesuch um die Ausreisegenehmigungen war am 3. Januar 1951 in die Hände der Behörden gelangt. Aber Tag für Tag verstrich, und es gab keine Anzeichen, dass der Vorgang bearbeitet wurde.

Im Februar sickerte die Nachricht durch, dass gegen einen Missionar an einem anderen Ort falsche Beschuldigungen erhoben worden waren. Wenn ein Missionar bei den Chinesen besonders beliebt war, erfanden die Kommunisten die übelsten Anschuldigungen gegen ihn. Arthur erfuhr, dass der beschuldigte Missionar unter anderem des unmoralischen Umgangs mit weiblichen Bediensteten beschuldigt wurde. Das nahm Arthur sich als Warnung.

„Wilda, wir müssen Sengel entlassen. Es geht nicht mehr an, dass sie sich in der Küche aufhält, wenn ich morgens das Feuer entzünde. Lieber will ich Mädchen für alles sein, als dass solche Lügen über mich verbreitet werden!"

Da die Missionare die Station bald verlassen würden, brauchten sie auch keinen Unterricht mehr in der mongolischen Sprache zu nehmen. Der Lehrer und seine Frau beschlossen daher, zurück nach Sining zu gehen. So fehlten zwei weitere freundliche Gesichter auf der Station.

Am 8. März schien sich bei der Ausreisegenehmigung endlich etwas zu bewegen. Ein Regierungsbeamter der Zentralregierung war angekommen, der sich um die Ausreiseanträge aller Missionare kümmern sollte. Sie gaben ihm den Spitznamen „Eisvogel", wegen des Schriftzeichens, das seinen Nachnamen symbolisierte. Jetzt würde Bewegung in die Sache kommen!

Arthur wurde auf das Polizeirevier bestellt. Ein paar Tage zuvor hatten sie eine Nachricht von J. R. Sinton erhalten, einem der Missionsdirektoren: „Ich habe soeben ein Papier unterzeichnet, das ihr wohl alle auch bald unterschreiben werdet ..." Sie wussten nicht, was er damit meinte, aber als Arthur vor dem Eisvogel stand, erschien dieser ihm sehr freundlich. Er erklärte den Zweck seines Kommens und bat Arthur, eine Petition für den Weltfrieden zu unterzeichnen.

„Das ist ganz in meinem Sinne", dachte Arthur und setzte ohne weitere Überlegung seine Unterschrift unter das Papier.

Der Eisvogel wirkte erfreut. „Welchen Beitrag wollen Sie

denn zum Weltfrieden leisten?", fragte er. „Sie haben gerade eine entsprechende Petition unterschrieben. Da Sie während Ihrer Zeit bei der britischen Armee in Indien stationiert waren, schlage ich vor, dass Sie Ihre Mission bitten, Sie als Missionar dorthin zu schicken. Wir würden Ihnen einen Buchstaben des Alphabets als Decknamen geben, sagen wir: Mr. X. Dann könnten Sie, beispielsweise einmal im Jahr, einen geheimen Bericht an einen anderen Mitarbeiter, sagen wir: Mr. P., weiterleiten. Seine und Ihre Identität werden sorgfältig geschützt. Das Ganze dient nur dazu, die Sache des Friedens voranzutreiben."

Sofort merkte Arthur, dass er in eine Falle geraten war. Die chinesische Regierung wollte ihn für geheimdienstliche Zwecke einspannen! Unter Weltfrieden verstand der Eisvogel etwas ganz anderes als er, nämlich eine vom Kommunismus beherrschte Welt. Und er war soeben aufgefordert worden, ein Mitglied der fünften Kolonne in Indien zu werden! Der Eisvogel deutete mit einem Lächeln an, dass die Ausreisepapiere schnell ausgestellt würden, wenn sie sich in dieser Sache einig werden könnten.

Arthur war entsetzt. Vorsichtig begann er, dem Beamten klarzumachen, er habe das so nicht gemeint. Aber er war sich auch nicht ganz sicher, ob er den Vorschlag richtig verstanden hatte. Andererseits wollte er den Eisvogel nicht herausfordern, solange es nicht unbedingt nötig war.

Man riet ihm, nach Hause zu gehen und sich die Sache zu überlegen. Am folgenden Tag solle er seine Antwort mitteilen.

Auf dem Heimweg sah Arthur an den Stadtmauern Plakate mit langen Namenslisten, die mit roten Zeichen versehen waren. Das waren die Namen jener, die am nächsten Tag hingerichtet werden sollten – Menschen, die nicht bereit waren, mit dem Regime zusammenzuarbeiten! Wenn man auch ihn tötete, was würde dann mit seiner Frau und seinem Kind geschehen? Jahre später sagte er immer wieder:

„Ich frage mich, ob Daniels drei Freunde auch ein kleines Mädchen zu Hause hatten mit einem süßen Gesichtchen, das ihnen vertrauensvoll die Händchen entgegenstreckte! Haben sie eine schutzlose Frau zurückgelassen, als sie sich für den Feuerofen entschieden?"

Er dachte nicht im Entferntesten daran, auf diesen Vorschlag einzugehen, aber er hatte mächtig Angst bekommen. Er eilte heim und erstattete einen kurzen Bericht. Nach dem Abendessen trug er sein kleines Mädchen in das kalte Schlafzimmer und kehrte dann zu Wilda zurück.

„Warum hast du denn so unüberlegt unterschrieben?", fragte sie niedergeschlagen.

„Weil Sinton in seinem Brief ein Papier erwähnt, das er unterschrieben hat. Ich frage mich, was er da unterzeichnet hat. Bestimmt nicht dasselbe wie ich. Was war ich bloß für ein Dummkopf!"

Die Dürre hatte einen Waldbrand entfacht, und die Flammen züngelten gegen die jungen Bäume, die der Herr gepflanzt hatte. Gab es noch eine Überlebenschance?

„... der seine Wurzeln zum Bach hin streckt ..." Wasser löscht das Feuer. So fielen die beiden auf die Knie und schlugen die Bibel auf. Ihr Blick fiel auf die Psalmen 140 bis 144, die unmittelbar in ihre Situation zu sprechen schienen:

Errette mich, Herr, von den bösen Menschen. (140,2)

Die Hoffärtigen ... stellen mir Fallen auf den Weg. (140,6)

Wenn mein Geist in Ängsten ist,
so nimmst du dich meiner an.
Sie legen mir Schlingen
auf dem Wege, den ich gehe. (142,4)

Führe mich aus dem Kerker,
dass ich preise deinen Namen. (142,8)

Herr, erhöre mich bald, mein Geist vergeht. (143,7)

Gelobt sei der Herr, mein Fels,
der meine Hände kämpfen lehrt

und meine Fäuste, Krieg zu führen. (144,1)
Erlöse mich und errette mich aus großen Wassern. (144,7)
Gott, ich will dir ein neues Lied singen. (144,9)

Am nächsten Morgen wurde Arthur wieder vorgeladen. Da er nicht wusste, ob er ins Gefängnis geworfen oder getötet werden würde, küsste er seine Frau und sein Töchterchen, steckte eine Ausgabe von „Licht für jeden Tag“ in die Tasche und betete: „Herr, hüte meine Lippen!“

Der Eisvogel begrüßte ihn mit einem süffisanten Lächeln. „Sie haben die Petition für den Weltfrieden nur unterschrieben, weil Sie glaubten, wir würden Sie dann ausreisen lassen, stimmst's? Sie sind ein Heuchler! Welchen Beitrag zum Weltfrieden wollen Sie also wirklich leisten?“ Dann wurde er drei Stunden lang mit zermürbenden Fragen, Vorschlägen und versteckten Drohungen gequält.

„Ich kann das, was Sie von mir verlangen, nicht tun“, sagte Arthur in einem späteren Verhör. „Die Bibel verbietet es mir.“ Er wusste, dass der Eisvogel früher einmal in einer anderen Stadt einen biblischen Unterricht besucht hatte, der von einem CIM-Missionar geleitet worden war, und dass er daher die Grundzüge des Evangeliums kannte.

„Wo steht das?“, wollte der Eisvogel wissen. „Zeigen Sie mir die Stelle!“

Erfreut ging Arthur nach Hause und markierte sorgfältig die entsprechenden Textstellen im Neuen Testament. Doch als er die Bibel am folgenden Tag mitbrachte, wurde sie beiseite geschoben. Als er die Polizeiwache verließ, warf ein Aufsichtsbeamter sie ihm verächtlich vor die Füße. „Hier haben Sie Ihr Buch!“ – und damit war die Sache abgetan.

An jedem Nachmittag auf dem Nachhauseweg sah er, wie die Menschen sich aus der Stadt hinaus zu dem Hinrichtungsplatz drängten. Jeder wurde gezwungen, bei den Exekutionen zuzuschauen, sogar die Schulkinder. Jeden Tag standen neue Namen auf den öffentlichen Listen. Doch

Arthur und Wilda waren sich einig, dass sie unter keinen Umständen nachgeben würden.

Sieben lange Tage musste Arthur täglich ein solches Verhör über sich ergehen lassen. Und immer bot der Eisvogel ihm an, er könne ohne Schwierigkeiten ausreisen, wenn er nur ein klein wenig nachgeben würde.

„Neige mein Herz nicht zum Bösen ... ich mag nicht essen von ihren leckeren Speisen“ (Psalm 141,4), war Arthurs ständiges Gebet. An jedem Abend in dieser langen Woche las das Ehepaar gemeinsam die Psalmen 140 bis 144, und jedes Mal schwand ihre Furcht. Aber es konnte nicht ewig so weitergehen.

An einem Tag überreichte ihm der Eisvogel einen langen Fragebogen, in dem es um „Sinnesänderung“ ging und Gründe, die dafür sprachen, dem imperialistischen Denken und dem faschistischen Totalitarismus abzuschwören. Außerdem enthielt er die Namen von fünf anderen Missionaren. Man forderte ihn auf, einen Bericht über sie zu schreiben.

Das war die letzte Kraftprobe. Arthur nahm den Fragebogen mit nach Hause, und gemeinsam baten die beiden Gott um die rechten Worte. Sie wussten: Arthurs Leben stand auf dem Spiel.

„Welchen Beitrag wollen Sie selbst zum Weltfrieden leisten?“, lautete eine Frage. Arthur schrieb: „Ich glaube, dass das Evangelium von Jesus Christus die größte Kraft für den Frieden in dieser Welt ist. Mein bester und einziger Beitrag für den Weltfrieden wird es sein, als Pastor oder Missionar das Evangelium zu verbreiten.“

In den Berichten über die anderen Missionare schrieb Arthur mit glühenden Worten alles erdenklich Gute, das er über diese gehört hatte. Ein chinesischer Freund kam zufällig vorbei (oder war er von Gott geschickt?) und sah den Bericht.

„Das gibst du ihnen besser nicht“, rief er angstvoll aus.

„Sie können deine Worte ausradieren und sie durch üble Beschuldigungen ersetzen ... und dann steht deine Unterschrift darunter!"

Arthur blickte ihn entsetzt an. „Wenn das so ist, dann nichts wie ins Feuer damit!", rief er impulsiv. Und so geschah es dann auch.

In ernster Stimmung nahmen sie am nächsten Morgen voneinander Abschied. Es lag auf der Hand, dass der Eisvogel erbost sein würde. Immer noch wurden täglich Menschen hingerichtet. Wir können uns vorstellen, wie den Eheleuten bei diesem Abschied zu Mute war.

„Die Papiere?", fragte der Eisvogel lauernd, und Arthur überreichte ihm die Erklärung über seinen Beitrag zum Weltfrieden. Sein Gegenüber blickte ihn finster an.

„Kennen Sie ...?", brüllte der Eisvogel und nannte den Namen des Missionars, dem so üble Dinge vorgeworfen worden waren.

„Ja."

„Er glaubt, er kann aus China ausreisen. Aber das wird ihm nicht gelingen! Ich habe jeden Hafen angewiesen, ihn aufzuhalten."

Dieser Hassausbruch ließ Arthur zusammenzucken. Aber gleichzeitig musste er rasch die Augen niederschlagen, damit der Andere nicht seine triumphierende Freude bemerkte, denn er wusste, dass dieser Missionar das Land bereits verlassen hatte! Der Eisvogel hatte offenbar noch gar nichts davon gehört, dass ihm seine Beute entgangen war. Doch dieses Wissen verlieh Arthur neuen Mut, dem nächsten Angriff standzuhalten.

„Wo ist Ihr Bericht über die fünf Missionare?"

Arthur richtete sich gerade auf. „Ich bin kein Judas. Wenn Sie von mir oder einem anderen Mitglied der China-Inland-Mission so etwas erwarten, haben Sie sich in uns getäuscht. Wenn wir so handeln, wäre das Verrat an der Sache Christi."

„Die Zentralregierung hat mich bevollmächtigt, Ihnen

die Ausreisebewilligung zu erteilen, wenn alles zufriedenstellend verläuft", sagte er bedächtig. „Schade, dass Sie die Zusammenarbeit verweigern. Eine kleine Sache ist übrigens noch dazwischengekommen ... Jemand hat Anschuldigungen gegen Sie erhoben, und denen müssen wir natürlich nachgehen. Solche Nachforschungen nehmen unter Umständen viel Zeit in Anspruch. Sie können jetzt nach Hause gehen." Dies war das Letzte, was sie vom Eisvogel hörten. Am nächsten Tag fuhr er zurück nach Peking und kam nicht wieder.

Wilda war überglücklich, als Arthur an diesem Abend nach Hause kam. Zumindest war er noch frei – und nicht im Gefängnis oder auf dem Hinrichtungsplatz. Aber als sie die Kleine zu Bett gebracht hatten, kam ihnen ihre schlimme Lage erst richtig zu Bewusstsein. Sie kamen sich vor wie zwei kleine Sandkörnchen, umgeben von hasserfüllten Gegnern. Zwischen ihnen und dem nächsten chinesischen Hafen lagen Hunderte von Meilen. Man würde sie anklagen, und niemand würde der Sache wirklich auf den Grund gehen. So schrien die beiden in jener Nacht verzweifelt zu Gott: „Herr, rede zu uns!"

Und er tat es. Als sie die Bibel aufschlugen, fiel ihr Blick auf Jesaja 49, 25: „... der Raub soll dem Gewaltigen entrissen werden. Ich selbst will deinen Gegnern entgegentreten und deinen Söhnen helfen."

Zuversichtlich standen Arthur und Wilda auf. „Wir haben seine Verheißung", meinte Arthur, „wir sind nicht der Raub des Gewaltigen, sondern Gefangene Christi. Das heißt: Wir sind der Bosheit der Menschen nur eine kleine Zeit ausgeliefert, damit die Größe seiner Macht sichtbar werde!"

Und so trieben die kleinen Bäume inmitten der sengenden Dürre zarte grüne Blättchen des Glaubens.

Am folgenden Sonntag wurde Arthur gebeten, in der Gemeinde zu predigen. Als Thema wählte er die Geschichte vom brennenden Dornbusch. „Ihr werdet brennen, aber nicht verzehrt werden", tröstete er die anderen Christen und erzählte ihnen von seinen Erlebnissen mit dem Eisvogel und wie Gottes Antwort ausgesehen hatte.

Er wusste nicht, dass dies seine letzte Botschaft an die chinesische Gemeinde war. Und so hätte er kein besseres Thema wählen können!

Der Glaube gerät unter Druck

Wie gut, dass unsere Erlösung nicht von unseren menschlichen Gefühlen abhängig ist! Der Herr ist nahe, ob wir etwas von seiner Gegenwart spüren oder nicht. Das Blut Christi tilgt unsere Schuld, egal ob wir „fühlen", dass wir einen festen Glauben haben, oder ob wir von Ängsten geschüttelt werden.

In der Begeisterung darüber, dass Gott ihnen die Befreiung zugesichert hatte, war es Arthur und Wilda gar nicht aufgefallen, dass da ja kein Zeitpunkt genannt war. Für den einen sollte es volle zwei Jahre dauern, für den anderen sogar noch länger. Als die Tage vergingen und es keinerlei Anzeichen für die verheißene Befreiung gab, wurde ihr Glaube schwer auf die Probe gestellt.

So unterschiedlich wie die Menschen und ihre Situation, so verschieden sind auch ihre Glaubensprüfungen. Arthurs Prüfung bestand in der Angst, was mit seinen Lieben geschehen würde, sollte er von ihnen getrennt werden. Die Verheißung der Befreiung beruhigte ihn.

Wildas Prüfung bestand im Zweifel. War dies wirklich Gottes Handeln mit ihnen, oder waren sie Opfer eines Versehens? Standen sie wirklich unter Gottes Führung, oder mischte sich Satan in ihre Angelegenheiten? Es war das alte Problem der „äußeren Umstände", die ihre Entscheidungen beeinflusst hatten.

Hätten sie doch nur nicht den Brief erhalten, in dem die Gemeinde von Hwangyuan sie einlud! Immer wieder hörten sie von anderen Missionaren, die in die Heimat zurückkehren durften. So hätte es auch ihnen gehen können, wären sie nicht nach Hwangyuan gekommen.

Hätte Arthur doch bloß nicht diese Petition für den Weltfrieden unterschrieben! Dann hätte der Eisvogel keinen Anlass zur Hoffnung gehabt, ihn zum Kommunismus zu bekehren. Er hätte nicht „sein Gesicht verloren“ und ihnen womöglich die Ausreisepapiere ausgestellt.

Warum waren sie an einen so armseligen Ort geschickt worden? Warum hatte Gott zugelassen, dass die Türen zur Ausbreitung des Evangeliums geschlossen wurden?

Und wenn sie schon hier bleiben mussten – warum hatte Gott sie nicht davor gewarnt, all ihre Habseligkeiten wegzugeben? Warum? War es etwa falsch gewesen, hierher zu kommen?

Wenn ein Kind Gottes eine falsche Entscheidung trifft, fällt es dann aus der Gnade Gottes heraus und befindet sich nun außerhalb seines Machtbereichs? Gerät es direkt in die Hände Satans und wird Opfer seiner Bosheit? Diese uralten Fragen bedrängen jeden Christen, der ernsthaft seinem Herrn nachfolgen will.

Der 25. März 1951 blieb Wilda immer als das „schwarze Ostern“ in Erinnerung, denn an diesem Tag erreichte ihre Verzweiflung den Höhepunkt. Während des letzten Gottesdienstes mit den Chinesen ließ der Gemeindeleiter das Lied anstimmen „Er lebt“. Wilda merkte plötzlich, dass sie nicht mehr mitsingen konnte. Wenn er wirklich heute *lebt*, dachte sie, warum hatte er dann all dies zugelassen? Ihr blieb das Lied regelrecht im Halse stecken.

Welch ein erschreckender Augenblick für eine Missionarin! Die Dürre hatte bisher nur den äußeren Komfort und ihre Handlungsfreiheit erfasst. Würde sie nun auch die

Wurzeln zerstören, mit denen der Baum sich zum Wasser hin streckte? Freilich können auch die Wurzeln angegriffen werden, doch wenn der junge Baum sich stetig nach dem Wasser des Lebens ausstreckt, werden die Dürre und selbst der Waldbrand zurückgetrieben.

Als Wilda später in ihrer Küche ihren eintönigen Arbeiten nachging, fielen ihr plötzlich zwei Traktate ein. Das eine trug den Titel „Das ‚Wenn' in unserem Leben." Das andere war von Hudson Taylor verfasst und handelte von den „anderen Umständen".

„Wenn nur dieser Einladungsbrief nicht gekommen wäre!" Was war nun mit diesem „Was wäre, wenn"? Wilda holte die Traktate und las: „‚Herr, wärst du hier gewesen, mein Bruder wäre nicht gestorben'. Jesus hätte tatsächlich dort sein können, er war nicht weit entfernt. Er wusste, dass Lazarus krank war – und ließ ihn sterben. Ich glaube, dass das für die Frau sehr schwer war ... Ich bin zu der Überzeugung gelangt, dass es in jedem Leben ein ‚Wenn' gibt, etwas, das Gott auch anders hätte geschehen lassen können, weil er alle Macht dazu hat; und doch hat er dieses ‚Wenn' zugelassen.

Ich möchte die Bedeutung dieses ‚Wenn' in deinem Leben nicht schmälern, was es auch sein mag ... Komm damit zum Herrn, und lass dir von ihm sagen, was er zu Marta gesagt hat. Er begegnete ihrem ‚Wenn' mit seinem ‚Wenn'! Habe ich dir nicht gesagt: *Wenn du glaubst,* wirst du die Herrlichkeit Gottes sehen? In dem ‚Wenn' deines Lebens soll sich also die Herrlichkeit Gottes offenbaren ...

Weißt du, dass eines Tages ein Licht auf das ‚Wenn' in deinem Leben fallen wird? Sage dir also: ‚Alles, was mir geschehen ist, alles, was mir genommen wurde, soll dazu dienen, dass ich im Glauben wachse ...' Stelle dich dem ‚Wenn' in deinem Leben und sage: Dafür habe ich Jesus."

Im zweiten Traktat las Wilda: „Das Geheimnis von Hudson Taylors innerer Gelassenheit inmitten solcher Stürme des Hasses war seine Weigerung, auf etwaige andere Ursachen seiner Lebensumstände zu sehen. Er glaubte, dass er es einzig und allein mit Gott zu tun habe."

Zwei Wochen später schrieb Wilda in ihr Tagebuch: *„Der Herzenskonflikt war furchtbar, doch nun haben wir wieder inneren Frieden. Wir können nur abwarten und darauf vertrauen, dass uns alle Dinge zum Besten dienen."*

Arthur schrieb etwa zur gleichen Zeit: *„Diese Glaubensprüfungen sollen uns Geduld verleihen, denn Geduld entsteht nur, wenn der Glaube in die Folterkammer kommt. Aufbegehren, weil der Druck zu stark wird, und sich Sorgen machen hieße, all das Gute zu verlieren, das er auch in dieser Situation für uns bereithält."*

Wilda hat später dieses Erleben als ihr „Laugenbad" verstanden. Als junges Mädchen hatte sie einen Sommer lang in einer Konservenfabrik gearbeitet. Die Pfirsiche kamen zunächst in ein Laugenbad, damit man die Haut besser abziehen konnte, bevor sie weiter verarbeitet wurden. Wilda hatte eine sehr empfindliche Haut, und noch Monate danach schälte sich die Haut von ihren Händen, so stark hatte die Lauge gewirkt. Ähnlich – in übertragenem Sinne – war es auch mit dieser Glaubenserfahrung. Viele „Schichten" mussten entfernt werden, etwa dass sie an Gottes Einflussmöglichkeit zweifelten, dass sie sich so rasch ärgerten, dass sie so ungeduldig waren (wann können wir endlich ausreisen?) und vieles mehr.

Am 10. April 1951 notiert Arthur: *„Wilda leidet unter der Höhe (2900 m) und darf sich nicht übernehmen, Lilah fühlt sich glücklicherweise wohl. Die chinesischen Christen arbeiten gut zusammen. Wenn es für uns an der Zeit ist zu gehen, wird es keine große Abschiedszeremonie geben. Betet für uns alle, dass unter allen Umständen Christus unser Leben sei. Das allein ist wichtig."*

„Du bist Gott" – auch wenn ich vieles nicht verstehe

Eine Woche nach besagtem Ostergottesdienst kam Pastor Jen zu Arthur und deutete ihm an, es sei wohl besser, wenn Wilda und er nicht mehr in den Gottesdienst kämen. Spione der Regierung nahmen nämlich an Gottesdiensten teil, um Anklagepunkte gegen Christen zu sammeln. Oft waren es ganz unbedeutende Angelegenheiten – und so war jeder Christ ängstlich darauf bedacht, sich nichts zu Schulden kommen zu lassen, das in irgendeiner Weise gegen ihn verwendet werden konnte. Kein Außenstehender hat deshalb ein Recht, die Gemeinde wegen dieser ängstlichen Haltung zu kritisieren.

„Die kleine Sache, die dazwischengekommen war", um den Eisvogel zu zitieren, waren beispielsweise folgende Beschuldigungen, die Arthur zur Last gelegt wurden. Sie stammten von einer Frau namens Leah, die den Mathews von der vorherigen Station her bekannt war. Sie hatte als Spionin für eine Frau Kao gearbeitet – diese wiederum kannten die beiden nicht. Im Einzelnen wurde Arthur Folgendes vorgeworfen:

1. Er habe auf einem Tisch gestanden, der der Kirche gehörte.
2. Er habe eine Gedenktafel missbraucht, die Dr. Kao gewidmet war.
3. Er habe einen Hund getötet.
4. Er habe die Tür der Gemeindeküche verriegelt.
5. Er habe die Schule in Changyeh geschlossen.

In jedem dieser Anklagepunkte war ein Körnchen Wahrheit enthalten. Der Tisch war alt und wackelig, und die Gemeinde hatte ihnen erlaubt, ihn zu benutzen. Der Hund war ein herrenloses, herumstreunendes Tier, und der Diakon hatte Arthur gebeten, es zu töten. Bei der Küchentür und der Schule hatte Arthur im Auftrag der Gemeideleitung gehandelt.

Arthur bekannte sich zu jedem dieser Anklagepunkte – ein Meisterstück der Notwendigkeit, zu Kreuze zu kriechen. Die Kommunisten, die nur auf den Wortlaut achteten, sahen darin gutes Material für ihre missionsfeindliche Propaganda, nicht aber die Ausländer, die es zu lesen bekamen. Die Missionare in Lanchow amüsierten sich köstlich über den versteckten Sarkasmus, der hinter den Formulierungen steckte. Man einigte sich schließlich darauf, Frau Kao drei Millionen chinesische Dollar als Abfindungssumme zu zahlen. (Das waren ungefähr 135 Dollar in US-Währung.)

Unter einem solchen Regime war es angeraten, möglichst wenig Kontakt zu Ausländern zu pflegen – daher die Bitte der Gemeindeleitung. Für Arthur und Wilda bedeutete dies jedoch, dass sie von der geistlichen Gemeinschaft mit ihren chinesischen Geschwistern abgeschnitten waren. Von da an hielten sie jeden Abend eine längere Andacht in der Küche und einen eigenen Gottesdienst am Sonntag.

Im folgenden Monat (Mai 1951) durften sie im oberen Stockwerk einen weiteren Raum benutzen, der nicht ganz so heiß war, da jetzt der Sommer bevorstand.

Mitte Juli erfuhren sie, dass alle Missionare in Sining (außer Clarence Preedy) Ausreisegenehmigungen erhalten hatten und nach Hause fuhren. Außerdem erhielten sie eine geheime Botschaft, sie sollten sich ebenfalls zur Ausreise bereitmachen. Da Wildas Eltern beide krank gewesen waren, kamen sie zu dem Schluss, Gott werde ihnen nun die Heimkehr ermöglichen, damit die Großeltern die kleine Lilah sehen könnten, die sie noch gar nicht kannten. Sie packten ihre wenigen Habseligkeiten zusammen und standen stets auf Abruf bereit. Doch als keine weitere Nachricht kam, merkten sie, dass auch dies bloß eine weitere Schikane gewesen war. Wilda schreibt in einem Brief:

„Kurz nachdem ich das letzte Mal geschrieben hatte, stieg unsere Hoffnung für kurze Zeit in höchste Höhen, um dann wieder unsanft auf dem Boden zu landen. So scheint es im Leben zu gehen. Auch unser innerer Friede verschwand für einige Tage, weil wir auf Menschen geblickt haben. Doch nun hat unser himmlischer Vater unsere Augen wieder auf sich selbst gerichtet, und wir sind ruhig geworden ...

Zwei Worte fassen diese beiden Wochen zusammen – packen und warten. Alles ist gepackt. Für Lilah nehme ich jeden Tag frische Sachen aus dem Handkoffer. Wir haben sogar eine Zeit lang bei anderen gegessen, weil unser Geschirr eingepackt ist. Das kann so nicht weitergehen ... Wieder ist eine Gruppe von Missionaren ausgereist. Sicher ist dies alles für euch eine ebenso große Enttäuschung wie für uns. Aber Gott ist mächtig, und wir glauben fest an seine Güte."

Arthur und Wilda merkten, dass jedes grüne Blatt, das sie hervorbrachten (insbesondere in Briefen), sogleich vom Feind bedroht wurde. Arthur hatte einmal geschrieben: „Schlaf weiter, Herr, auch wenn das Boot von Wellen überrollt wird." Nicht einmal einen Monat später sollte sich eine Welle erheben, die Wilda wegzureißen drohte.

Wilda war seit einigen Monaten wieder schwanger; wie schön, dass Lilah ein Brüderchen oder Schwesterchen bekommen sollte! Aber im September musste sie in Arthurs Abwesenheit die schwere Kellertür heben, und da geschah es: Sie verlor nicht nur das Kind, sondern wurde selbst so krank, dass es tagelang aussah, als würde sie sterben.

Im März noch hatte Arthur sich Sorgen gemacht, was aus ihr werden sollte, wenn man ihn hinrichten würde. Damals hätte er sich nicht vorstellen können, dass seine nächste Sorge darin bestehen würde, dass sie vielleicht vor ihm gehen musste. Was sollte er tun? Er hatte für eine solche Situation keinerlei medizinische Erfahrung. Während er für seine Frau betete, fiel ihm der römisch-katholische Priester ein, der in Hwangyuan lebte. Arthur suchte ihn auf und fand, dass er sehr sympathisch und freundlich war. Er schlug eine Behandlung mit Sulfonamid vor. Arthur hatte dieses Medikament noch in seinen Vorräten für die Mongolenklinik. Der Priester gab ihm aber noch etwas in Pulverform und eine Spritze. Mit Gottes Hilfe waren diese Mittel erfolgreich, und das Fieber begann zu sinken.

Doch dies sollte noch nicht die letzte Prüfung in diesem Jahr gewesen sein.

Als Dr. C. merkte, dass ihm bei seiner medizinischen Arbeit von Arthur und Wilda keine Konkurrenz drohte, kam er zuweilen in ihre Küche, um sich zu unterhalten. Im Dezember hörte Wilda von Scharlachfällen in der Stadt. So war sie nicht gerade erfreut, als der chinesische Arzt nach der Rückkehr von einem solchen Krankenbesuch in ihre kleine Küche trat, um mit Lilah zu spielen und ihr aus Bilderbüchern vorzulesen.

Nachdem er gegangen war, versuchte Wilda alles, was er berührt hatte, so gut es ging zu sterilisieren. (Lilah hatte wenig Spielsachen und nur drei Bücher.) Doch zwei Tage vor Weihnachten wollte die Kleine abends nicht essen. Sie klagte über Halsschmerzen, und als Arthur sie hinüber ins Schlafzimmer trug, fühlte sie sich fiebrig an.

Rasch holten sie ihr medizinisches Handbuch hervor und suchten im Kerzenlicht nach den betreffenden Symptomen. Als sie an die Stelle gelangten, in denen Lilahs Symptome beschrieben waren, hieß es in dem Buch: „Befragen Sie in diesem Stadium Ihren Arzt." Arthur warf das Buch in die Ecke und kniete nieder. Er hatte ja einen großen Arzt.

Der erste Schritt bestand darin, das Kind aus dem eiskalten Schlafzimmer herauszuholen. Also wickelte Arthur die Kleine in Decken und schickte sie mit ihrer Mutter in die warme Küche hinunter, während er die Betten auseinandernahm und sie über den Balkon hinunterließ. Anschließend stellte er sie in der Küche auf. Später schrieb er:

„Lilahs Bett passt gut in die Speisekammer der Plymires. Wildas Bett verwandeln wir tagsüber in eine Couch, und ich fühle mich wie der Gichtbrüchige in der Bibel mit einem beweglichen Lager, das bei Bedarf aufgestellt wird ... Wir sind in diesen Tagen sehr beschäftigt. Ich musste das Getreide reinigen, rösten, mahlen, alles in den letzten beiden Tagen. Ich betätige mich auch als Wasserträger, Heizer, Bäcker und anderes mehr, nicht zu vergessen als Arzt."

Wilda schreibt über diese Zeit:

„Am 19. Dezember hatte Arthur eine schlaflose Nacht wegen eines Zahnes, der ihm schon seit einem halben Jahr Beschwerden verursacht. Am nächsten Tag wollte er ihn sich ziehen lassen. Da wir keinen Zahnarzt in Hwangyuan haben, ging er zu Dr. C. – und der brach ihn ab. Dafür brauchte er einen ganzen Nachmittag! Arthur kam zitternd wie Espenlaub nach Hause und musste am folgenden Tag wieder hingehen. Danach verbrachte er einen Tag im Bett ... So wurde mir erst einmal klar, was er alles für uns tut! Es ist ja nicht gerade leicht, einen Kohlenherd mit Reisig zu heizen, um Frühstück und Mittagessen auf einmal zu kochen – und nebenbei auch alles andere zu erledigen, während es in der Küche warm ist. Lilah die Treppen hinauf und hinunter zu tragen tat mir auch nicht gerade gut. Ich bekam einen schlimmen Husten, der sich zu einer schweren Erkältung ausweitete.

Am 24. Dezember bekam Lilah hohes Fieber. Wir versuchten, sie mit Sulfonamid zu behandeln. Nun hat sie auch Ausschlag bekommen und eine Himbeerzunge – wir schließen daraus, dass sie Scharlach hat. Fast jede Missionarsfamilie, die vor uns hier war, hat ein Kleinkind durch Scharlach verloren. Wir glauben, dass die kleinen Herzen die Höhe nicht verkraften. Vielleicht könnt Ihr euch vorstellen, wie uns zu Mute ist!"

Zum Weihnachtsfest hatte Wilda einen kleinen Rosenstock in einem Topf gezogen und ihn mit kleinen Wattebäuschen bestückt, so dass er wie verschneit wirkte. Sie hatte auch eine rote Kerze aufgespart, um sie vor dem Bäumchen anzuzünden. Doch am 25. Dezember war ihnen nicht nach Feiern zu Mute – stattdessen kämpften sie um Lilahs Leben. Zwei Nächte lang verlangte sie jede halbe Stunde etwas zu trinken, stieß ihr Bettzeug weg, wälzte sich umher und döste dann wieder ein.

Doch das Medikament half offensichtlich, und am Neujahrstag hörten wir: „Sie ist nur noch ein Schatten ihrer selbst, aber wenigstens hat sie wieder zu essen angefangen, und das Fieber scheint nachzulassen."

Ein paar Tage, bevor das Kind Halsschmerzen bekam, hatte Arthur in sein Tagebuch geschrieben: „Er will, dass wir uns keine Sorgen machen. So wie sich unsere Kleine auch um nichts sorgt!" Dann wurde das kleine Mädchen schwer krank. Jedem Beweis von Gottes Treue schien ein Test zu folgen, der ihren Glauben auf die Probe stellte.

Gottes Vorhang

Bis zum September 1951 hatten Arthur und Wilda keine finanziellen Probleme gehabt. Die Mission deponierte Geld für sie bei einer Bank in Schanghai, und Arthur forderte telegrafisch an, was sie benötigten. Doch im Herbst dieses Jahres hatte die chinesische Regierung angeordnet, alle ausländischen Guthaben einzufrieren. Arthur und Wilda hatten noch nicht davon gehört, aber für Felix, den Polizeipräsidenten von Hwangyuan, war das ein gefundenes Fressen.

Felix hatte um ihretwillen einmal sein Gesicht verloren –

und das wird kein Orientale jemals vergessen. Es war in der Zeit, als der Eisvogel Arthur zum Kommunismus bekehren wollte. Ihre Habe war von der Polizei durchsucht worden, und Felix hatte ihre beiden Kameras an sich genommen. Das war dem Eisvogel zu Ohren gekommen, und er hatte Felix sogleich befohlen, die Kameras zurückzugeben. Arthur und Wilda hätten lieber darauf verzichtet, denn ihnen war sofort klar, dass Felix sich einmal für diese Blamage rächen würde.

Im September hatte Wildas Krankheit alle ihre Gedanken eingenommen. Erst Mitte Oktober fiel es Arthur plötzlich ein, dass die Bank noch nicht auf seine Bitte um Überweisung reagiert hatte. Irgendetwas stimmte da nicht. Sie begannen, äußerst sparsam zu leben.

In dieser Zeit kamen auch Ben und Timothy wieder nach Hwangyuan zurück. Während Ben eines Tages bei ihnen zu Besuch war, gab Arthur unwillkürlich seiner Sorge Ausdruck, was sie wohl tun sollten, wenn die Überweisung nicht bald einträfe. Ein paar Minuten später händigte Ben ihnen eine kleine Summe aus, den Gegenwert von 7 US-Dollar. Sie waren beschämt und betroffen, aber er bestand darauf, dass sie das Geld annahmen. Sie schworen sich, Ben nie wieder von ihren finanziellen Sorgen zu erzählen – und betrachteten die Summe dankbar als Darlehen.

Am 31. Oktober 1951 reichte ihr Kohlenvorrat noch für fünf oder sechs Tage. Mehl hatten sie noch für zwei Wochen und ein halbes Pfund Zucker. Sollten Sie nach Schanghai schreiben und sich bei der Bank erkundigen, weshalb das Geld nicht eintraf?

Da der große Ofen allein zwei Drittel ihrer veranschlagten Heizkosten verschlang, verkleinerte Arthur ihn innen mit Hilfe eines Backsteins. Auf diese Weise verbrauchten sie weniger Kohlen. Doch das Geld kam noch immer nicht.

Als Nächstes machten sie nur zweimal am Tag Feuer, morgens und abends. Wilda kochte das Mittagessen im

Schnellkochtopf, während sie das Frühstück zubereitete, und stellte den Topf dann in die Kochkiste, die Arthur gezimmert hatte. So blieb das Essen bis zum Mittag warm. Die Wintertage waren sonnig, und sie hatten alle wattierte Kleidung.

Sie besaßen nur noch drei zerknitterte chinesische Dollarnoten, die 15 Cents in US-Währung wert waren, als ein Telegramm von der Bank in Schanghai eintraf: „Wir haben bereits zwei Überweisungen weggeschickt. Diese wurden jedoch auf polizeilichen Befehl in Sining eingefroren. Ohne polizeiliche Erlaubnis wird Ihnen keine Bank Ihr Geld aushändigen."

So standen die Dinge also! Sie mussten bei Felix das Geld beantragen, das die Mission ihnen bereits überwiesen hatte. Also begab sich Arthur in das altbekannte Büro, um bei Felix vorstellig zu werden.

„Ich höre, dass die Polizei in Sining unsere Gelder aus Schanghai eingefroren hat. Nach den neuen Gesetzen der Regierung muss ich mich deswegen an Sie wenden. Das ist alles, was wir noch haben", sagte Arthur und zog die drei zerknitterten Geldscheine hervor – gerade genug, um drei Schachteln Streichhölzer zu kaufen. „Was soll ich jetzt tun?"

„Gehen Sie nach Hause und schreiben Sie einen Bericht", lautete die knappe Antwort. „Wir werden der Sache nachgehen."

Also machte sich Arthur daran, einen Bericht in chinesischer Schrift zu verfassen, mit dem er in Felix' Büro erschien. Ein Laufbursche nahm ihm das Schriftstück aus der Hand, steckte ihn in die Tasche und meinte: „Gehen Sie nach Hause. Das ist nun unsere Angelegenheit."

Felix brauchte sechs Wochen für seine „Nachforschungen", doch Gott handelte viel schneller! Als Arthur eines Tages wieder einmal durchgefroren und verzweifelt auf der Station eintraf, sah er den Postboten dort stehen.

„Oh Ma Mu-shih!“ rief der aus. „Viele Dollar (ungefähr 45 Dollar in US-Währung) sind aus Chungking für Sie telefonisch angewiesen worden. Kommen Sie heute Abend zur Post, und holen Sie das Geld ab!“

Gottes Vorhang hatte sich schützend über seine Kinder gebreitet, während die Menschen sie aushungern wollten. Wie war es zu dieser wundersamen Geldüberweisung gekommen?

Mr. Ellison (ein Mitarbeiter der CIM in Chungking) hatte von ihrer Notlage gehört und eine Million Dollar zum Telefonbüro in Chungking gebracht. „Bitte schicken Sie diese Summe an Ma Liang-chen Mu-shih, Hwangyuan, Tsinghai“ (Arthurs chinesischer Name und Anschrift). Das Telefon war der einzige noch offene Weg für Geldüberweisungen. Ellison hatte ebenfalls einen Ausreiseantrag gestellt. Zwei Tage später wurde dieser bewilligt, und er musste das Land verlassen. Er wusste nicht, dass die Mathews an jenem Tag tatsächlich nur noch 15 Cents besaßen! Wäre das Geld auf anderem Wege geschickt worden, hätte es Felix abgefangen!

Als Erstes bezahlte Arthur Ben die Schulden zurück, dann kaufte er Kohlen, Kartoffeln, Mehl und alles andere, was sie benötigten. Er versuchte stets, das Geld in Nahrungsmittel und andere Dinge umzusetzen, auf die die Polizei keinen Zugriff hatte. Und deshalb war es auch warm in der Küche, als Lilah kurz darauf an Scharlach erkrankte.

Arthur schreibt:

„Wir können es noch nicht fassen, wie das Geld aus Chungking die Blockade durchbrechen konnte – doch es genügt zu wissen, dass wir einen himmlischen Vater haben, der für uns plant. Zu diesem Plan gehörte auch ein schmerzender Backenzahn. Ich brauchte etwas Geld in der Tasche, um mich endlich einem örtlichen Arzt von zweifelhaftem Ruf anzuvertrauen – mit dem Ergebnis allerdings, dass ich immer noch einen halben Zahn im Mund habe!“

Er musste nun sorgfältig auf seine Worte achten, denn seine Briefe wurden oft in der Post geöffnet und von Beamten gelesen, die etwas Englisch konnten.

Als die CIM erfuhr, dass Felix die Absicht hatte, die Familie Mathews auszuhungern, begannen auch andere, nach Möglichkeiten zu suchen, ihnen Hilfe zukommen zu lassen. Viele Gebete stiegen zum Himmel auf. Ein Missionar fand zum Beispiel heraus, dass eine bestimmte kleine Dollarnote (45 Cents in US-Währung) gerade in einen unauffälligen chinesischen Umschlag passte, und er schickte ihnen einmal wöchentlich diese Summe. Damit konnten sie Lilahs Milch bezahlen.

Sechs Wochen nach Arthurs Besuch bei Felix kam ein Polizeibeamter in ihre Küche, setzte sich hin und fragte: „Nun, wie geht es euch?"

„Ich habe vor zweiundvierzig Tagen gemeldet, dass ich nur noch jene Geldscheine besitze", entgegnete Arthur. „Es ist Ihnen ja bekannt, dass Ihre Regierung unser Guthaben eingefroren hat, und wir nicht an das Geld herankommen, es sei denn, Sie erteilen die Genehmigung dazu. Ich habe immer wieder versucht, mit unserer Bank in Schanghai Kontakt aufzunehmen, habe aber keine Antwort erhalten." In diesem Augenblick hatte Arthur tatsächlich kein Bargeld mehr im Haus.

Der Beamte stand auf, ging aber nicht durch das Tor zurück, sondern nahm diesmal den Weg durch die Kapelle. In dem Moment, als er diese betrat, kam ein Postbote durch das Tor. „Hier ist ein eingeschriebener Brief für Sie." Er war von der Bank und enthielt den Gegenwert von 45 US-Dollar. Wäre der Postbote nur eine Minute eher gekommen, hätte Arthur das Geld abgeben müssen. Doch Gott hatte seine Flügel über sie gebreitet.

Als Felix den Bericht seines Beamten hörte, ließ er den Mathews ausrichten, sie sollten ihre monatlichen Ausgaben schätzen und könnten dann soviel abheben, wie er ihnen zuwies. Doch müssten sie jeden Monat einen neuen Antrag stellen.

Arthur schreibt:

„Wir lernen hier, dass der Mensch nicht allein vom Brot lebt. Würden wir uns nicht Gottes Willen fügen und ihm vertrauen, würden wir unser Leben allein mit Brot zu erhalten suchen – so wäre das kein Leben, sondern der Hungertod."

Der monatliche Antrag

Arthur konnte sich nie sicher sein, zu welcher Tages- oder Nachtzeit die Behörden ihn zu empfangen geruhten. Jeden Monat musste er detailliert auflisten, welche Summe sie für Brennstoff, Nahrungsmittel, Kleidung und ähnliche Dinge benötigten. Wenn sie bescheiden lebten, brauchten sie als Familie stets ungefähr eine Million der inflationären Landeswährung (etwa 45 US-Dollar); wobei allein die Kohle zum Heizen zwei Drittel des Betrages verschlang. Nicht ein einziges Mal genehmigte Felix die ganze Summe; allmählich reduzierte er den monatlichen Betrag sogar noch.

Um die Monatsmitte legte Arthur die Schätzung ihrer Lebenshaltungskosten schriftlich nieder und begab sich damit zur Polizeistation. Zuerst wurde er von einem Wachtposten aufgehalten. Obwohl jeder Bürger der kleinen Stadt von der Notlage des weißen Mannes gehört hatte, tat man bei der Polizei so, als hätte man keine Ahnung, warum er hier immer wieder erschien.

„Was wollen Sie hier?", fuhr ihn der Wachtposten an.

„Ich möchte die Aufstellung meiner Lebenshaltungskosten einreichen", lautete Arthurs Antwort.

„Felix hat jetzt keine Zeit! Kommen Sie ein anderes Mal wieder", wurde er dann oft abgewimmelt. Manchmal nahm ihm der Wachtposten einfach das Papier aus der Hand und steckte es in seine Tasche. Das war das Schlimmste, was passieren konnte.

Meistens sagte man ihm, er solle warten. Bei jedem Wetter, sei es Schnee, Regen oder Sonnenschein, musste er stundenlang vor der Tür stehen und sich von den Vorübergehenden anstarren lassen. Wenn man einen Ausländer verspottete, machte man sich bei der Regierung beliebt. Und so gab es immer welche, die ihn ärgerten oder auslachten. All das musste er ertragen, um am Ende des Tages zu hören, er solle am nächsten Tag wiederkommen.

Als er eines Morgens erschien, sagte man ihm, der Beamte sei krank – er müsse bis zur nächsten Woche warten. Am folgenden Tag sprach Arthur wieder vor, wartete stundenlang, doch niemand nahm Notiz von ihm. Dann ging er zum Essen heim und kehrte wieder zurück. Schließlich hatte der Wachtposten eine Nachricht für ihn.

„Wir müssen noch einige Nachforschungen anstellen – warten Sie, bis wir mit Ihnen in Kontakt treten."

Als ihm endlich eine bestimmte Summe gewährt wurde, brachte Arthur das abgestempelte Schriftstück zur Bank, und man zahlte ihm den entsprechenden Betrag aus. Bei der Bank gab es nie irgendwelche Schwierigkeiten. Ausschnitte aus Arthurs Briefen geben uns einen Eindruck von der bedrückenden Situation:

„15. März 1952. Wir haben nun für eine Weile genug zu essen. Aber der Frühling ist die härteste Zeit. Keine Kartoffeln, Möhren etc., bis die neue Ernte da ist ... aber daran wollen wir lieber nicht denken.

28. Mai 1952. Wir drei bekommen nur drei Viertel der Zuteilung, die Dr. Clarke und Mr. Preedy in Sining erhalten, und hier ist alles ziemlich teuer. Lilah braucht neue Schuhe, Wilda muss zum Zahnarzt, und ich müsste eigentlich ein oder zwei Hemden kaufen.

18. Juli 1952. Als am letzten Montag und Dienstag mein Antrag bearbeitet wurde, erhielt ich nur siebenhunderttausend (31,50 US-Dollar)."

Aufgrund dessen, wie die Kommunisten Dr. Clarke behandelten, schlossen sie, dass die Regierung ihnen keine Ausreisegenehmigung erteilen würde, solange sie noch Geld besaßen. Und das erwies sich als richtig.

Das Schlimmste war die dauernde Spannung durch die Hinhaltetaktik der Behörden. Wie ein Bettler bei jedem Wetter draußen vor der Tür zu stehen, war schon schlimm genug. Aber nach stundenlangem Warten mit leeren Händen nach Hause zu gehen – das zerrte an den Nerven! Im November schreibt Wilda:

„Wir haben nicht mehr „Bohnen" (Geld) als im vergangenen Monat, aber wir haben immer noch etwas Gemüse, Brennstoff und Meh. Nicht viel, aber es ist doch ein großer Unterschied zwischen wenig und gar nichts."

Und Arthur schreibt:

„In Paul Gerhardt habe ich einen neuen Freund gefunden. Manche seiner Verse lese ich immer wieder, heute waren es diese beiden:

Und ob gleich alle Teufel
hier wollten widerstehn,
so wird doch ohne Zweifel
Gott nicht zurücke gehn.
Was er sich vorgenommen
und was er haben will,
das muss doch endlich kommen
zu seinem Zweck und Ziel.

Auf, auf, gib deinem Schmerze
und Sorgen gute Nacht!
Lass fahren, was das Herze
betrübt und traurig macht!
Bist du doch nicht Regente,
der alles führen soll;
Gott sitzt im Regimente
und führet alles wohl."

Arthur beendet den Brief mit folgenden Gedanken:

„Der Herr muss uns zuweilen nicht nur die Macht unseres Feindes zeigen, sondern auch die Schwachheit unseres eigenen Herzens. Seine Schlachten werden nicht mit Stärke und Tapferkeit gewonnen, sondern in vollkommener Schwachheit, die nichts für sich selbst unternehmen will, sondern sich auf seine Treue verlässt – selbst wenn das vollkommen unsinnig erscheint."

Zweiter Teil

Die grünen Blätter sprießen

Den besten Wein ... jetzt

Bis zum Frühjahr 1952 hatten mehr als 600 Mitarbeiter der China-Inland-Mission das Land verlassen und waren in Sicherheit – die Kinder nicht mitgezählt. Zurück blieben noch 34 Missionare, darunter die 5 im Nordwesten, auf die sich nun die Gebete in der Heimat konzentrierten.

Natürlich war es für Arthur und Wilda sehr schwer zu erleben, wie Hunderte ihrer Mitstreiter das Land verließen, während sie selbst zurückbleiben mussten. Sie fragten sich immer wieder: Stimmte etwas nicht mit ihnen? Hatten sie irgendetwas zu tun versäumt?

Um diese Zeit fiel ihnen eine Schrift in die Hände, in der es sinngemäß hieß, Christen hätten allezeit Zutritt zum König und somit das Vorrecht, ihre Anliegen vor Gott zu bringen und die Erhörung fordern zu dürfen. Der Verfasser berichtete von Missionaren, die in schwerer Bedrängnis waren, jedoch im Gebet gleichsam mit Christus im Himmel saßen.

Diese Aussage beschäftigte Arthur und Wilda sehr. Hatten sie im geistlichen Kampf versagt und waren deshalb jetzt nicht mehr Herr der Lage? Einige Monate lang beteten sie intensiv um Befreiung. Gott hatte es ihnen doch verheißen: „Der Raub soll dem Gewaltigen entrissen werden ..."

„Tu es jetzt, Herr", baten sie. Doch dieses Bitten raubte ihnen alle Kraft und machte sie rastlos. Das Tor blieb so verschlossen wie eh und je.

Als die Osterzeit nahte, beschäftigte sich Wilda intensiv mit der Geschichte von der Auferstehung Jesu. Als sie die Begebenheit las, als Petrus im Hof des Hohenpriesters seinen Herrn verleugnete, fühlte sie sich plötzlich getroffen. Sie hatte zwar nicht gesagt: ‚Ich kenne ihn nicht', aber sie empfand keinerlei Freude. Sie war nicht verbittert, aber dafür enttäuscht und rastlos. Hatte sie den Chinesen in ihrem Umfeld gezeigt, dass sie Gott kannte und dass er sie in der Dürre stärkte? Und wenn nicht – hatte sie nicht auch dadurch ihren Herrn vor den Menschen verleugnet? Sie fiel auf die Knie, bekannte ihr Versäumnis und erlebte in diesem Jahr ein herrliches Osterfest.

Es sollte noch zwei Monate dauern, bis auch Arthur ein solches Erlebnis hatte. Einmal las er im Epheserbrief den Satz: „Prüft, was dem Herrn wohlgefällig ist."

„Was glaubst du, Wilda", wandte er sich an seine Frau, „was ist in unserer Situation dem Herrn wohlgefällig?"

Sie erzählte ihm nun von ihrer eigenen Osterbotschaft. Wenn sie ihre Situation nicht freudig annahmen, hieß das, den Herrn vor den Menschen zu verleugnen.

Ein paar Tage lang sprachen sie immer wieder über dieses Thema, dann ging Arthur plötzlich ein Licht auf: Der Sohn hatte den Himmel verlassen – nicht, weil er sich dem Willen Gottes unterordnete, sondern weil er Freude daran hatte, ihn zu erfüllen.

Bis jetzt hatten sie sich untergeordnet und sich gleichzeitig immer wieder fieberhaft auf Gottes Verheißungen berufen: „Herr warum dauert es so lange? Wir könnten schon längst auf einem neuen Missionsfeld wirken! Öffne uns die Tür, Herr! Jetzt!" Sie hatten wie Sklaven gehandelt, die ihre Arbeit tun *müssen*, weil es keine andere Möglichkeit gibt. Wie anders war die Haltung des Sohnes!

An einem Tag im Juni knieten Arthur und Wilda nieder und bekannten ihrem Herrn, dass sie bereit seien, weiterhin in der armseligen kleinen Küche zu leben, solange er sie dort haben wollte. Da erst strömte der Friede Gottes wie eine Flut in ihre Herzen und schenkte ihnen eine Freude, die sie nie zuvor erlebt hatten. Aber wir wollen Arthur selbst zu Wort kommen lassen:

„27. Juni 1952. Es gibt viel von dem wunderbaren Wirken des Herrn zu berichten. Doch in all unseren Gedanken steht einer an erster Stelle: Du hast den guten Wein bis jetzt zurückbehalten ... Einige Zeit lang hatten wir das Gefühl, alles sei sinnlos. Immerzu beschäftigte uns die Frage: Wann werden wir endlich ausreisen?

Bloße Unterwerfung unter den Willen Gottes schien nicht genug zu sein, das hatten wir ja lange Zeit versucht. Von einem Diener würde man das erwarten, doch bei Söhnen und Töchtern ist es eine andere Sache. Eine Stelle im Philipperbrief öffnete uns eine Tür: ‚Denn Gott ist's, der in euch wirkt beides, das Wollen und das Vollbringen, nach seinem Wohlgefallen' (Philipper 2, 13).

Wir erkannten, dass unsere Gebete sich selbstsüchtig um die Verkürzung unserer Tage hier gedreht hatten. So begriffen wir, dass Gott von uns erwartete, dass wir bereitwillig hier blieben, statt ihn dauernd um eine schnelle Ausreise anzuflehen. Wir leben nun nicht länger wie stumpfe Ochsen, die sich widerwillig treiben lassen, wohin sie nicht wollen, sondern als Söhne und Töchter, die von ganzem Herzen mit dem Vater zusammenarbeiten."

Hier sehen wir es: Die grünen Blätter sprießen! Bis zu diesem Zeitpunkt hatten die kleinen Bäume in der Dürre vielleicht ein oder zwei Blättchen hervorgebracht, ein Zeichen, dass noch Leben in ihnen steckte. Doch wenn der Saft ungehindert durch Stamm und Äste fließen kann, kommt der Tag, an dem am ganzen Baum grüne Knospen sprießen.

Was die chinesischen Christen am dringendsten brauchten, waren Vorbilder – in dem Sinne, dass sie mit eigenen

Augen sahen, wie man die Botschaft des Evangeliums *leben* konnte – in Armut und Elend, wie sie selbst es kannten.

Natürlich hatten Arthur und Wilda auch bisher ihrem Herrn dienen wollen. Doch sie hatten sich in menschlicher Weise selbst zurechtgelegt, was darunter zu verstehen sei. Dienen bedeutete ihrer Meinung nach Predigen mit den Lippen. Amy Carmichael hatte einmal einem tamilischen Christen gesagt: „Gott hat dich nicht nur als Mund geschaffen." Die wirkungsvollste Predigt geschieht jedoch durch unser Leben. Und das war der Weg, wie Familie Mathews in dieser Zeit dienen sollte.

Arthur schreibt:

„Es wäre so leicht, in die Sünde zu verfallen, die allen Kriegsgefangenen nur zu bekannt ist, nämlich dass wir den Umständen gestatten, uns innerlich zu lähmen, so dass wir zu der Einstellung gelangen, dass ja doch alle Bemühungen sinnlos sind ...

Es stimmt tatsächlich, dass der gute Wein bis jetzt zurückgehalten wurde. Das Joch ist nur dann leicht, wenn es angenommen, nicht, wenn es erlitten wird."

Und so erlebten sie die zweite Dürreperiode mit dem „guten Wein" an ihren Lippen.

Auch wenn die Berge wanken

Eine neue „Hitzewelle" war im Anzug. Die ersten Anzeichen bemerkten sie im Frühjahr 1952, als die Anklageversammlungen begannen. Jeder Chinese wurde gezwungen, seinen Nachbarn und sich selbst zu „kritisieren", um seine Loyalität zum kommunistischen Staat unter Beweis zu stellen – besonders diejenigen waren betroffen, die Verbindung zu einem Ausländer hatten. Es ging darum, den ausländischen Bekannten irgendeines Vergehens gegen die Regierung zu beschuldigen, um sich selbst von dem Verdacht reinzuwaschen, pro-imperialistisch zu sein. Denn pro-imperialistisch zu sein bedeutete den Tod.

Am 5. Mai 1952 kam Ben aus Sining zurück, wohin er bestellt worden war, um seine „Fehler zu bekennen". Arthur und Wilda hatten für ihn gebetet, denn sie wussten, man würde ihn zwingen, sie in irgendeiner Weise zu belasten. Andernfalls würde er sein Leben in Gefahr bringen. Während sie beteten, kam ihnen ein Vers aus Psalm 138 in den Sinn: „Wenn ich mitten in der Angst wandle, so erquickst du mich und reckst deine Hand gegen den Zorn meiner Feinde und hilfst mir mit deiner Rechten. Der Herr wird meine Sache hinausführen."

Als Ben aus Sining zurückkehrte, ging er ohne ein Wort an ihnen vorüber, obwohl er und Timothy sonst jeden Abend bei den Mathews vorbeischauten. Doch warf er ihnen einen bedeutungsvollen Blick zu, der sie beruhigte. Er kam dann nach Einbruch der Dunkelheit zu ihnen und erstattete Bericht. Mit Gottes Hilfe hatte er es geschafft, sie so zu kritisieren, dass die Regierung keine greifbaren Anklagepunkte gegen sie hatte.

In der folgenden Woche wurde Timothy nach Sining bestellt. Als er einige Tage später erschien, merkten sie schon an seinem düsteren Gesicht, dass die Sache ungünstig gelaufen war. Allmählich stellte sich heraus, dass Timothy nicht nur sie verraten hatte, sondern auch chinesische Christen: die Pastoren Jen und Chin und andere.

Timothy hatte nun die Aufgabe erhalten, in ihrer Mitte zu leben und jedermann nachzuspionieren. Kurz darauf kam ein Polizeibeamter auf die Station, der sie heftig beschuldigte und allen Bewohnern des Missionsgeländes unter Androhung einer Gefängnisstrafe untersagte, mit den Imperialisten zu sprechen. Timothy sollte in diesem Fall Meldung erstatten.

Am 14. Mai lesen wir einen traurigen Tagebuch-Eintrag: *„Von da an sprach niemand auf der Station mehr mit uns, auch nicht die anderen Christen. Keiner beachtete uns mehr."*

Im inneren Hof wohnten Arthur und Wilda sowie zwei andere chinesische Familien; die Familien der beiden Pastoren lebten im äußeren Hof. Sie begegneten sich täglich beim Wasserholen oder bei der Gartenarbeit – schweigend und mit abgewandtem Gesicht.

Darüber hinaus wurden die Weißen unter Arrest gestelllt; sie durften die Missionsstation nicht mehr verlassen. Bestürzt meldete sich daraufhin Pastor Jen zu Wort: „Wer soll dann ihr Wasser aus dem Fluss holen? Und ihre Lebensmittel kaufen?"

Der Polizist zögerte. „Mr. Mathews darf zum Fluss gehen und Wasser holen und auf dem Markt seine Einkäufe erledigen, aber sonst nichts."

Schon vorher war ihre Freiheit eingeschränkt gewesen, aber nun sollte alles noch viel schlimmer kommen. „Obgleich die Hitze kommt, fürchtet er sich doch nicht ..." Das mussten sie nun unter Beweis stellen. Auch Lilah war betroffen und bekam mehr als einen Klaps, bis sie die unverständliche Tatsache begriff, dass sie Ben nicht mehr ihr Bilderbuch zeigen und mit niemandem sprechen durfte.

Am 13. Mai 1952 notiert Arthur:

„Ich nehme allen Mut zusammen und werde morgen einen anderen Metzger (Zahnarzt) aufsuchen, um mir wieder zwei Zähne ziehen zu lassen. Ich lasse den leichteren zuerst erledigen, um zu sehen, wie er die Sache anpackt. Der frühere Metzger ist auf Wasser und Brot gesetzt."

Das bezieht sich auf Dr. C. Er hatte das Unglück, dass einer seiner Patienten starb. Die Anklagekommission machte daraus eine große Sache. Er kam für eine Weile ins Gefängnis und wurde dann zu fünfzehn Jahren Zwangsarbeit verurteilt. Dadurch wurde das große Schlafzimmer über der Küche frei, aber es wurde sogleich von Timothy in Beschlag genommen! Für einen Spion war es äußerst günstig gelegen, denn hier hörte er fast alles, was unten in der Küche vor sich ging, außerdem war es warm und gemütlich. Vom vorderen Fenster aus konnte er das Tor und die Straße beobachten.

Am 20. Mai 1952 schreibt Arthur:

„Vor zwei Wochen wurden meine Zahnstummel völlig schmerzfrei gezogen. (Ein chinesischer Arzt mit den entsprechenden Instrumenten war in die Stadt gekommen.) Ich hatte ständig Kopfschmerzen, und das bewog mich, es nochmals zu versuchen. Mein Kopf ist jetzt in Ordnung ... Wenn er dranbleibt, habe ich bei der Ausreise keine Zähne mehr!"

Jetzt begann die heiße Jahreszeit. Dr. C. hatte einige tibetanische Patienten in dem Raum unter ihrem Schlafzimmer untergebracht. Da diese nie badeten und keine Ahnung von Hygiene hatten, wurde das Zimmer schmutzig und begann zu stinken. Außerdem hatten die Chinesen ihren Hund an das vordere Fenster gebunden. Arthur schreibt:

„Mit dem Hund unter unserem Schlafzimmer und einer offenen Abortgrube zehn bis fünfzehn Meter von der Küchentür entfernt – ist es da ein Wunder, dass Lilah trotz all unserer Vorsichtsmaßnahmen an Ruhr erkrankt ist?"

Ruhr ist eine der bedrohlichsten Kinderkrankheiten für weiße Kinder im Orient. Viele sind daran gestorben, und oft geht es ganz schnell. Die kleine Lilah hatte die blutige Ruhr, und bald brüllte sie vor Schmerzen. Arthur machte sich auf die Suche nach einem geeigneten Medikament, musste aber unverrichteter Dinge zurückkehren.

Es war die Zeit, als eine Verzögerung im Briefverkehr zwischen Sining und Hwangyuan eingetreten war. (Wurde die Post etwa auch „eingefroren"? Einige Briefe von Mr. Preedy und Dr. Clarke hatten drei Wochen gebraucht, obwohl ein täglicher Busverkehr zwischen den beiden Orten bestand, die nur dreißig Meilen auseinander lagen.) Als die Eltern die Kleine endlich beruhigt und zu Bett gebracht hatten, fielen sie auf die Knie und baten Gott um Hilfe.

Da kam ihnen der Gedanke: „Schreibt auf einer offenen Postkarte, welche Medikamente ihr im Haus habt. Schildert Dr. Clarke die Symptome und bittet ihn um Rat." Eine offene Postkarte würde weniger Verdacht erregen. Nach vier Tagen, als sie auch wieder gerade dafür beteten, dass Dr. Clarkes Antwort schnell durchkommen würde, kam die offene Postkarte mit seinen ärztlichen Anweisungen. Dies war der einzige Tag, an dem der Postbote schon vor dem Frühstück kam. Die kleine Lilah wurde gerettet!

Das war eine schwere Prüfung für die besorgten Eltern, aber sie behielten die ganze Zeit ihren inneren Frieden.

Dann kam der Herbst, und Felix' monatliche Geldzuteilungen wurden äußerst mager. Damit würden sie kaum einen weiteren Winter in Hwangyuan überstehen. Die drei Millionen, die ihnen die Bank in Schanghai überwiesen hatte und die Felix nun verwaltete, waren auf einen kläglichen Betrag zusammengeschrumpft. Es gehörte offensichtlich zur kommunistischen Politik, einen Ausländer erst ausreisen zu lassen, wenn er der Öffentlichkeit zur Last fiel (d.h. wenn sein eigenes Vermögen aufgebraucht war).

Felix hatte sie noch nicht gefragt, ob sie noch andere Guthaben besaßen. Das war nämlich tatsächlich der Fall! Die Mission hatte ihnen eine ordentliche Summe in der Schanghaier Bank deponiert. Doch warum sollten sie das Felix unter die Nase reiben? Er würde ihnen ihr Guthaben ohnehin nur in armseligen Zuteilungen bewilligen. Warum sollten sie ihr schweres Los verlängern?

Wie lange mussten sie wohl hungern, bevor er ihnen die Ausreisegenehmigung erteilte? War es richtig, Lilah hungern zu lassen? Sollten sie dem Kind ihre eigenen Rationen geben? Sie entschieden sich dagegen. Denn wenn beide Eltern sterben würden, wäre Lilahs Schicksal schlimmer als der Tod.

In all diesen quälenden Fragen behielten sie doch ihren Seelenfrieden. Sie schrien täglich zu Gott und fragten ihn, was sie tun sollten. Doch als der Winter einbrach, war es offensichtlich, dass sie kein Geld für Kohle besaßen. Nun verbrannten die Armen im Land Blätter und Kohlekugeln, die aus Kohlenstaub hergestellt wurden, der mit Dung und Wasser vermischt war. Im September beschloss Arthur, sich ebenfalls der herbstlichen Armenbrigade anzuschließen.

„Ich war Tag für Tag draußen, während die Blätter fielen. Ich habe Blätter zusammengekehrt, Mist gesammelt, dürre Zweige aufgelesen und mit einem Taschenmesser Lilienblätter geschnitten. Wir konnten nun zehn oder mehr Tage unsere beiden täglichen Feuer anfachen und drei Mahlzeiten kochen. Gott hat unseren Mangel gerade dann entstehen lassen, als die Blätter fielen ...

Für uns ist es nicht schwer zu glauben, dass wir versorgt werden, sondern dass wir beim Gedanken an einen weiteren Winter von unseren Ängsten befreit werden. Aber wir setzen uns mit diesem Gedanken auseinander und sind jetzt ruhig und zuversichtlich."

Im September hatte Arthur bei Felix den Restbetrag der Summe beantragt, die dieser für sie verwaltete, und gleichzeitig gesagt: „Bitte treffen Sie Vorkehrungen zu unserer Ausreise, sobald diese Summe aufgebraucht ist."

Aber Felix tat nichts dergleichen. Mit nur 37,50 Dollar mussten sie mehr als zwei kalte Herbstmonate lang auskommen. Offenbar versuchte Felix, sie zum zweiten Mal auszuhungern. Wie der Herr für sie sorgte, wird noch in einem späteren Kapitel berichtet.

Arthur war nun gezwungen, Kohlekugeln zu formen. Und so setzte er sich an diesen kalten vorwinterlichen Tagen an ein sonniges Plätzchen und vermengte geduldig Kohlestaub und Schafmist mit Wasser aus dem Fluss. In den Augen eines Chinesen ist es unsäglich entwürdigend, wenn ein feiner Herr mit Schmutz – geschweige denn mit Mist – in Berührung kommt. Das geschmolzene Schneewasser verursachte tiefe, schmerzhafte Risse in seinen Händen.

Die Chinesen, die vorbeikamen, waren tief bewegt. Er hörte einen von ihnen flüstern: „Ach du liebe Güte! Schau mal! Schau nur mal!" Doch er lächelte ihnen fröhlich zu.

Erst in der Ewigkeit werden wir erfahren, wie diese „grünen Blätter in der Dürre" auf die Chinesen wirkten. Hudson Taylor schrieb einmal: „Die Neubekehrten sahen, dass der Apostel Paulus bereit war, sogar für sie zu sterben ... Das bloße Predigen des Evangeliums reicht nicht aus. Unser Leben muss ein sichtbares Opfer sein. Wir können sicher sein, dass unsere eigenen Entbehrungen, Verluste und Leiden die beste Voraussetzung sind, um das Evangelium der Gnade Gottes diesen Menschen näher zu bringen."

Die kleine Lilah war in diesen schweren Zeiten eher eine Stütze als eine Belastung. Hunderte von Menschen in der Heimat beteten besonders für das kleine Mädchen, und ihre Gebete wurden beantwortet.

Einmal bekam sie mindestens eine Woche lang kein Fleisch, keine Milch, Eier oder Gemüse. Doch sie beklagte sie nie, im Gegenteil. Als sie eines Morgens vor ihrem mageren Hirsebrei saß, tauchte sie den Löffel kräftig hinein und meinte: „Wenn der Herr Jesus macht, dass der Polizist meinem Papa Geld gibt, dann habe ich auch wieder Milch und Zucker in meinem Brei."

Das dreijährige Mädchen hatte sich auch viele Lieder gemerkt, die ihre Eltern in jenen Tagen sangen. Als Arthur an einem Abend neben dem Feuer kauerte und versuchte, Brot für das armselige Abendessen zu rösten, kam ihm ihre missliche Lage so richtig zu Bewusstsein. Doch plötzlich stimmte das kleine Mädchen neben ihm ein Lied an, das davon handelte, wie sicher wir trotz aller Stürme in der Liebe Gottes aufgehoben sind. Ob sie den Sinn aller Worte verstanden hatte? Die Eltern wussten nicht einmal, dass Lilah dies Lied kannte. Sie sahen sich staunend an – und fühlten sich in ihrem eigenen Glauben gestärkt.

Lilah war natürlich traurig, dass die chinesischen Kinder nicht mehr mit ihr spielen durften. Wilda schreibt:

„Lilah vermisst ihre Spielkameraden so sehr ... Doch während ich dies schreibe, probiert sie gerade ihr neues Wägelchen aus, das Arthur ihr aus einer Holzkiste gebaut hat. Wir sind dem Herrn sehr dankbar für dieses Kind, das uns unsere Tage erhellt."

Noch eine weitere Prüfung wurde ihnen in jenen Tagen auferlegt. Die Chinesen auf der Station „produzierten" nicht effektiv genug, und so beschlossen sie, Nudeln herzustellen, sie zu trocknen und für den Verkauf abzupacken. Besonders bei den Tibetanern und Mongolen gab es einen guten Markt dafür. Zunächst säuberten sie den Boden in dem Zimmer unter dem Schlafraum der Mathews – dafür waren diese natürlich sehr dankbar. Doch dann stellten sie dort eine Maschine auf, die ihnen mit ihrem durchdringenden Gequietsche sehr auf die Nerven ging.

Arthur schreibt:

„Wir haben uns immer wieder gefragt, welche der Erfahrungen, die wir im letzten Winter gemacht haben, tatsächlich dazu dienten, den Herrn zu verherrlichen – und welche lediglich unseren Freunden den Seufzer entlockten: ‚Oh, die Armen!' Da es in diesem Winter ähnlich zugeht, überlegen wir oft, welche Einzelheiten wir berichten sollen. Doch wir möchten euch wissen lassen, dass wir immer noch eure ernsthaften Gebete brauchen, nicht das halbhysterische Beten, in das man oft abgleitet, wenn Gott nicht gleich erfüllt, worum man ihn bittet. Wir sind als Schafe mitten unter die Wölfe gesandt – und sollen gleichzeitig das Wesen unseres Hirten der Welt vor Augen stellen."

So entfalten sich – trotz der anhaltenden Dürre – weitere grüne Blätter. Sie sind ein Zeichen dafür, dass der keinen Schaden nimmt, der Gott sein ganzes Vertrauen schenkt.

Gott füllt die Vorratskammer

Im September 1952 hatten die meisten Mitarbeiter der Missionsgesellschaft China verlassen. Die Aufmerksamkeit in der Heimat richtete sich nun ganz auf die fünf im äußersten Nordwesten des Landes.

Zwei Frauen hatten regelmäßig Milchgeld für Lilah geschickt, bis sie das Land verlassen mussten. Danach übernahm Frau Gould in Schanghai diese Aufgabe. Die Goulds waren aus der CIM ausgeschieden und hatten in Schanghai eine andere Arbeit angenommen. Auf diese Weise – so hofften sie – konnten sie in China bleiben und das Evangelium verkünden. Arthur stand in ständigem Briefkontakt mit ihnen, und daher wussten sie auch, dass er dringend neue Hemden brauchte.

Harry Gould war Buchhalter bei einer Schifffahrtsgesellschaft. Eines Tages sprach er mit seiner Stenographin, deren Mann der Geschäftsführer von British General Electric war. Harry erwähnte im Gespräch Arthurs Hemdenmangel, und sie bot ihm sofort einige Hemden ihres Mannes an. Offenbar bereiteten sie sich auf ihre Ausreise nach England vor und mussten überflüssiges Gepäck loswerden. Ihr Mann besaß Dutzende weißer, maßgeschneiderter Hemden, die er nicht alle mit nach Hause nehmen konnte. Harry nahm dieses Angebot dankbar an. Und Arthur schreibt:

„10. September 1952. Wir haben uns so über die Briefe und Pakete von H. und E. (Harry und Elisabeth) gefreut. Die Hem-

den sind bei uns angekommen und wurden mit großer Begeisterung ausgepackt. Vielleicht können wir unsere Freude mit den Jungs teilen."

Und das taten sie auch. Sie hatten so viele Hemden bekommen, dass sie auch Clarence und Rupert welche schenken konnten. Wilda färbte sie alle blau, damit sie leichter zu waschen waren. Und weiter heißt es in Arthurs Brief:

„Das Päckchen aus der Schweiz war ein wahres Geschenk des Himmels. Es enthielt einige Packungen Trockensuppe und Ovomaltine-Pulver."

Aber nun stand Lilahs dritter Geburtstag vor der Tür. Wilda nahm sich vor, ihrem kleinen Mädchen ein richtig schönes Geburtstagsfest zu bereiten. Arthur schreibt:

„Wilda bastelt aus dem Verpackungsmaterial des Hemdenpaketes eine Puppe, als Ersatz für die alte, die kürzlich kaputtgegangen ist. Und ich Armer muss ihr ein Gesicht malen. Lilah hat noch einen alten Teddy, der fast sein ganzes Fell verloren hat, ein ebenso ramponiertes Häschen und eine Ente aus Wachstuch."

Zu einem Fest gehören normalerweise Gäste. Da niemand mit Lilah sprechen oder spielen durfte, platzierte Wilda die Spieltiere als Gäste auf dem Tisch. Arthur fertigte für jedes einen Geburtstagshut aus Papier und natürlich auch welche für sie selbst. In einem Abfallhaufen hatte Wilda eineinhalb Geburtsagskerzen gefunden. Sie brach die ganze Kerze in zwei Teile und hatte so drei Kerzen für das Geburtstagskind. Schon lange hatte sie die Zutaten für einen kleinen Kuchen gehortet, den sie nun in einer Kaffeedose backte.

Der Vater spielte draußen mit der Kleinen, während die Mutter das Zimmer schmückte. Dann wurde Lilah hereingeführt und bekam – genau wie die Eltern – einen Papierhut auf den Kopf gesetzt. Ben stand vor der Tür und beobachtete die Szene. Lilah wurde zum Tisch geführt, wo der kleine

Geburtstagskuchen im Licht der drei Kerzen prangte. Die neue Puppe lächelte fröhlich, während der Teddy, das Häschen und die Ente in ihren Hüten ganz würdevoll aussahen. „Happy Birthday to You!“, sangen sie alle und setzen sich zu Kuchen und Tee an den Geburtstagstisch.

Gerade waren sie mit dem Essen fertig, als es an der Tür klopfte. Sie machten auf, und da standen zwei der Russenkinder, die gekommen waren, um mit Lilah zu spielen! Sie waren seit dem vergangenen Juni nicht dagewesen, weil sie es nicht gewagt hatten, mit dem fremden Kind zu spielen. Sie wussten auch gar nicht, dass sie heute Geburtstag hatte. Das war natürlich ein besonderes Geschenk des Himmels!

Im September feiern Chinesen und Buddhisten das Mondfest. Zu dieser Gelegenheit backen sie einen besonderen Kuchen und Brot aus Reismehl.

Auf dem Missionsgelände lebte eine alte tibetanische Frau, die einmal für die Plymires gearbeitet hatte. Sie war krank, blind und fast zahnlos. Vielleicht hatte sie von den Chinesen gehört, wie arm der weiße Mann jetzt war, vielleicht hatte aber auch Gott selbst ihr Herz bewegt. Jedenfalls hörte Wilda eines Tages ein Klopfen an der Tür, und da stand diese liebe alte Seele vor ihr. Sie war die Stufen zur Küche hinaufgehumpelt. In ihren Händen hielt sie ein Paket, das in ein altes schmutziges Tuch gewickelt war. Das streckte sie Wilda entgegen und murmelte so etwas wie: „Gott sei gedankt für den Pastor.“ Dann wandte sie sich rasch um und humpelte zurück in ihr Zimmer. Ein paar Wochen später starb sie.

Als Wilda das Tuch auseinanderfaltete, fand sie darin fünf oder sechs Brotkuchen mit leuchtend roter und gelber Verzierung. Um eventuelle Keime abzutöten, erhitzte Wilda die Kuchen noch einmal im Backofen. So hatten sie eine gute und nahrhafte Mahlzeit.

Eine Regel der China-Inland-Mission lautet, dass die Mitglieder sich nicht verschulden dürfen. Wenn kein Geld da ist, wird eben nichts gekauft. Für die Chinesen war es etwas Alltägliches, Geld zu borgen, und es dauerte eine Zeit, bis sie begriffen, dass die weißen Missionare lieber hungerten, als jemandem Geld zu schulden. Doch dann waren sie tief beeindruckt.

Zu dieser Zeit betrieb Pastor Jen einen kleinen Straßenstand. Als er eines Tages an Arthur vorbeiging, flüsterte er ihm zu. „Wenn du irgendetwas von meinem Stand brauchen kannst, nimm es dir bitte."

Auch ein russischer Christ hatte einen Straßenstand und verkaufte unter anderem Salz. Eines Tages hatte Wilda kaum noch Salz, und Arthur beschloss, ihren armseligen Geldvorrat anzugreifen, um welches zu kaufen. Er ging also zum Stand des Russen und verlangte eine sehr kleine Menge. Der liebenswerte Christ blickte Arthur tief in die Augen, nahm sein Salztablett und schüttete eine großzügige Menge Salz in Arthurs Korb – von Bezahlung wollte er nichts wissen. An einem so öffentlichen Ort konnten sie ihm natürlich nicht angemessen danken, denn dann hätte man ihn sicher beschuldigt, einem verhassten Imperialisten geholfen zu haben. Arthur und Wilda freuten sich riesig über dieses Geschenk.

In der Zwischenzeit hatte Arthur seinen Stolz überwunden und war sieben- oder achtmal zu Felix gegangen, um ihn um Unterstützung zu bitten. Er hoffte natürlich, Felix würde ihnen die Ausreisepapiere geben, da ja kein Geld mehr aus ihrem Guthaben übrig war. Stattdessen wurde Arthur Anfang Oktober angewiesen, Clarence Preedy um Geld anzugehen. Der hatte vor kurzem eine größere Summe aus Schanghai abgehoben, die für sie alle bestimmt war. Das Geld lag in Sining, war jedoch eingefroren.

Doch Gott sorgte dafür, dass sie nicht verhungerten. An einem Abend klopfte es an der Tür. Als sie öffneten, stand die kleine Tochter des Russen mit einem Korb vor ihnen. Rasch nahm sie ungefähr zehn Pfund Fleisch heraus, drückte ihnen das Paket in die Hände und rannte davon. In der Zeit vor der Kontaktsperre war sie immer gekommen, um mit Lilah zu spielen, also war ihr Besuch auf der Station nicht sonderlich aufgefallen. Sie hatten schon wochenlang kein Fleisch mehr gegessen, und dieses schmeckte nun um so köstlicher!

Auch Clarence Preedy und Rupert Clarke, die um das schwere Los der Mathews wussten, schickten ein Päckchen mit Hirse, Rosinen und Zucker. Diese Schätze wurden sorgfältig eingeteilt, und einige Zeit lang gab es für jeden drei Rosinen zum Nachtisch! Doch bald ging der Vorrat an Brennstoff zur Neige. Lesen wir, was Arthur schreibt:

„Wir kochten einige große Töpfe Wasser ab, und am letzten Abend, als wir noch Brennstoff hatten, einen Topf voll Hirsebrei. Wenn nun kein Geld eintraf, hätten wir wenigstens kaltes Essen und Trinkwasser. Täglich erkundigte ich mich bei der Bank nach unserer Überweisung und hob unsere letzte Postkarte auf, um eventuell die Nachbarn zu informieren (C. Preedy und Dr. Clarke).

Als ich wieder einmal unverrichteter Dinge aus der Bank trat und eben diese Postkarte einstecken wollte, hörte ich, wie mich jemand bei meinem chinesischen Namen rief. Ich ging in die Bank zurück, und man händigte mir die Überweisung für einen winzigen Geldbetrag aus, der uns zumindest so lange über Wasser halten würde, bis die Behörden in Sining ihre Nachforschungen über uns abgeschlossen haben würden. Am nächsten Morgen konnte ich das Geld abheben."

Clarence Preedy und Arthur hatten beide versucht, der Polizei in Sining mitzuteilen, dass die Polizei in Hwangyuan nie den tatsächlich benötigten Betrag für die Lebenshaltungskosten bewilligte. Diese Mitteilung hatte schließlich auch Folgen, aber zunächst einmal versprach man, „Nachforschungen anzustellen".

Es sah ganz danach aus, als müssten sie einen weiteren Winter in Hwangyuan zubringen. Lilah brauchte dringend neue Schuhe. Man hatte ihnen zwar aus Hongkong Lederschuhe für die Heimreise geschickt, aber die waren für Schnee- und Matschwetter ungeeignet. Die Chinesen trugen wattierte Stiefel, die von den Frauen selbst gefertigt und auf dem Markt verkauft wurden. Doch die Mathews hatten nicht genug Geld, um welche zu kaufen, und Wilda durfte nicht mit den chinesischen Frauen sprechen, sonst hätte sie gefragt, wie man die Schuhe selbst herstellt. So konnte sie nur Zuflucht im Gebet nehmen.

Wieder kam die Antwort durch ein Klopfen an der Tür. Und wieder war es die Tochter des Russen, die da stand, ihr ein Bündel hinhielt und schleunigst davonrannte.

Als Wilda das Bündel aufschnürte, fand sie – wattierte Schuhe darin. Sie waren noch ein wenig zu groß für Lilah, aber dem konnte abgeholfen werden. Die Gabe war um so bewegender, als der russische Christ selbst fünf Kinder zu versorgen hatte und seine Frau, die die Schuhe anfertigte, gerade krank war.

Doch Lilah brauchte auch einen neuen Wintermantel, da ihr alter Schneeanzug nun viel zu klein geworden war. Da erreichte sie ein Paket aus Hongkong, in dem sich unter anderem ein blaues Sporthemd für Arthur befand. Da dieser aber genug Hemden hatte, machte sich Wilda an die Arbeit und nähte einen wattierten Mantel für Lilah daraus. Die Wattierung bestand aus einer alten Babydecke, das Futter aus einer verwaschenen Kissenhülle.

Mitte November war der kleine Vorschuss aus Sining aufgebraucht, und wieder einmal musste Arthur sich in Felix' Büro begeben. Ob es klug war, noch einmal die Ausreise zu erwähnen? Doch die Antwort lautete wieder: „Wir gehen der Sache nach."

Zwei Tage später ging Arthur erneut zur Polizeistation. Ein junger Polizist hielt Wache.

„Wissen Sie", begann Arthur, „wir würden ohnehin lieber eine Ausreisegenehmigung bekommen als das Geld ..."

„Ich kann Ihnen keine ausstellen", knurrte der Mann.

„Aber man hat mir vor anderthalb Jahren gesagt", fuhr Arthur fort, „dass die Zentralregierung die Genehmigung bereits erteilt hat."

Bei diesen Worten stürzte Felix selbst laut fluchend in das Büro, und mit ihm ungefähr zwanzig Polizisten – bereit, sich auf das unglückliche Opfer zu stürzen.

Obwohl Arthurs Knie schlotterten, ließ er sich nicht einschüchtern. „Was soll ich denn tun?", fragte er Felix.

„Schreiben Sie an Ihre Kirche in Sining und bitten Sie dort um Geld – und kommen Sie ja nicht wieder hierher!", brüllte der.

Arthur schrie zurück: „Das werde ich tun ... und ich werde auch nach Peking schreiben!" Doch der plötzliche Gedanke an das Gefängnis innerhalb des Gebäudes bewog ihn, sich zu entschuldigen und dann so unauffällig wie möglich den Rückzug anzutreten.

Zu Hause zitterten ihm noch stundenlang die Knie. „Dorthin gehe ich nie mehr", erklärte er, und Wilda gab ihm Recht.

„Wir wollen für die Sache beten", meinte sie. „Aber lass uns auch an den Polizeichef von Sining schreiben und ihm berichten, wie man dich hier behandelt hat. Leg dieses Schreiben einem Brief an Clarence bei. Er wird es mit Sicherheit weiterleiten."

Und das taten sie auch. Mr. Preedy ging mit dem Brief zum Polizeichef. Der las den Bericht und sah auf.

„Hat sich das wirklich so abgespielt in Hwangyuan?"

„Ja."

„Nun, ich verspreche, dass so etwas nie wieder vorkommen wird."

„Die Mathews haben kein Geld mehr für Brennstoff, Kleidung und Lebensmittel. Das ganze Jahr über hat man ihnen den geschätzten Betrag für ihre Lebenshaltungskosten nicht gewährt."

„Schicken Sie ihnen zunächst eine halbe Million, dann sehen wir weiter."

Voller Freude schrieb Clarence den beiden in Hwangyuan einen Brief und teilte ihnen diese gute Nachricht mit. Erwartungsvoll sahen sie der Geldsendung entgegen. Sie warteten und warteten, doch die Bank ließ nichts von sich hören.

Zehn Tage später stürmte und schneite es draußen. Arthur war früh aufgestanden und holte noch vor dem Frühstück Wasser aus dem Fluss. Er überlegte, ob Sining das Geld vielleicht an Felix geschickt habe. Sollte er doch noch einmal dort vorbeigehen?

„Ich werde ein Vlies auslegen", sagte er zu sich selbst. „Wenn der Russe schon so früh an seinem Stand ist, dann ist es nicht der Wille des Herrn, dass ich zur Polizei gehe." Er sah zu dem Stand hinüber – und dort stand der Russe.

Sie setzten sich zum Frühstück nieder, und danach beteten sie zusammen. Wilda betete zuerst, aber Arthur konnte sich einfach nicht auf ihre Worte konzentrieren. In seinem Innern flüsterte beständig eine Stimme: „Geh noch einmal hin. Geh noch einmal hin!"

„Gerade habe ich Wilda gesagt, dass ich ein Zeichen bekommen habe, nicht hinzugehen", hielt er der Stimme in seinem Innern entgegen. „Was muss sie von mir denken, wenn ich meine Meinung alle paar Minuten ändere."

Doch die Stimme ließ nicht nach. „Geh hin!"

Als Wilda ihr Gebet beendet hatte, sagte Arhur: „Wilda, ich habe den Eindruck, ich sollte noch einmal zu Felix gehen."

„Wenn du meinst", entgegnete sie. „Geh du nur hin, ich werde hier bleiben und beten."

Arthur machte sich mit Furcht und Zittern auf den Weg. Als er zu dem bekannten Tor kam, war ein neuer Beamter da, den er noch nie gesehen hatte. Er hielt ein Buch in der Hand, aus dessen Seiten ein Stück Papier ragte.

Als er Arthur sah, fragte er: „Wer sind Sie, und was wollen Sie hier?“ Doch während er noch sprach, öffnete sich das Buch, und Arthur erkannte das Schriftstück. Es war seine eigene Schätzung ihrer Lebenshaltungskosten, die er zwei Wochen zuvor erstellt hatte! Hier hatte sicher der Herr die Hand im Spiel.

Mit neuer Zuversicht richtete Arthur sich auf und sagte: „Mein Name ist Ma-liang-chen, und ich komme vom Evangeliumssaal. Ich habe hier ein Gesuch um Geldzuteilung eingereicht, und man hat mir gesagt, ich solle mich nie wieder blicken lassen. Aber ich bin völlig mittellos. Was soll ich tun? Mein Gesuch liegt dort in Ihrem Buch.“

Der Fremde blickte überrascht auf, zog das Schreiben heraus und las.

„Warten Sie hier“, sagte er. Zehn Minuten später kehrte er zurück und reichte Arthur die abgestempelte Genehmigung für die Bank.

Arthur verlor keine Zeit und löste die Überweisung sogleich ein! Dann ging er auf den Markt. Eine halbe Stunde, nachdem er Wilda verlassen hatte, kehrte er mit Brot, Eiern, Fleisch und Milch zurück! Und immer noch war Geld übrig.

Kurz darauf wurde ihm mitgeteilt, die Polizei in Sining habe ihnen eine Million für Lebensmittel, eine Million für Brennstoff und noch einmal eine knappe Million für sonstige Bedürfnisse zugeteilt. Das erschien den beiden wie ein Vermögen. Arthur schreibt kurz vor Weihnachten:

„So hat unser Keller zwei Jahre lang nicht ausgesehen ... Erst der Schritt-für-Schritt-Glaube – und jetzt dieser Keller voller Vorräte! Ich denke, hier liegt eine verborgene Lektion für uns!“

Und Wilda schreibt:

„Wie sehr danken wir dem Herrn für diese Gebetserhörung. Lilah wünscht sich zu Weihnachten Birnen und Bonbons, Arthur und ich haben ebenfalls Verlangen nach Süßem und Eiern und Milch. Heute meinte Arthur, er möchte gern fünf Eier zum Weihnachtsfrühstück haben! Und ich werde einen Kuchen backen. Jetzt können wir endlich Schuhe für Arthur kaufen (ich habe gute wattierte Stiefel, aber seine sind in einem schrecklichen Zustand); und wir werden eine Schlafmatte für Lilah anschaffen ...“

So ging das fröhliche Planen weiter.

Auch die beiden Männer in Sining wurden nicht vergessen. Wilda stellte Bonbons her, backte Plätzchen und eine Menge anderer guter Dinge, packte ein Päckchen und schickte es an Clarence Preedy und Rupert Clarke. Dazu schrieb sie:

„Wir haben so viel von anderen empfangen; da ist es für uns eine besondere Freude, Euch etwas zu Weihnachten schenken zu können!“

Einige Zeit zuvor hatte Dr. Clarke ihnen einen Früchtekuchen zum Weihnachtsfest gebacken. Doch als das Päckchen der Mathews ankam, waren seine und Frau Preedys Vorräte so weit aufgebraucht, dass sie nur noch Bohnen zu essen hatten! Und so sorgte Gott dafür, dass alle etwas Besonderes zu Weihnachten bekamen.

Es ist rührend, wie sie sich alle umeinander kümmerten. Dr. Clarke hatte mit seinem Kuchen den Anfang gemacht, dann kam das Weihnachtspäckchen der Mathews – mit Kuchen, Plätzchen und Süßigkeiten. Nun hatte Clarence Preedy das Gefühl, er sei der Einzige, der noch keinem etwas geschenkt hatte! Nach einiger Überlegung hatte er eine Idee.

Monate zuvor hatte er bei einem Pfandleiher zwei Pfund Kaffee entdeckt. Arthur Mathews hatte ihn verkauft, als er noch glaubte, seinem Antrag auf Ausreise würde sogleich stattgegeben! Frau Preedy hatte ihnen nicht gesagt, dass er den Kaffee wieder ausgelöst hatte. Er wollte ihn als Überraschung aufheben, wenn die Mathews einmal auf dem Weg in die Freiheit auf seine Station kommen würden, denn sie und die McIntoshes mussten durch Sining reisen. Dann wollte er jede Familie mit einer Tasse echtem Kaffee überraschen! Bei den McIntoshes war das bereits geschehen, aber die Mathews waren noch nicht gekommen. Also packte Clarence Preedy dieses letzte Pfund Kaffee ein und schickte es nach Hwangyuan. Arthur nahm es in Empfang, verriet Wilda jedoch nichts davon – denn es sollte eine Weihnachtsüberraschung werden.

Am Weihnachtsmorgen zog Wilda Lilah in der Vorratsecke an, während sich Arthur anbot, den Frühstückstoast zu rösten. Dazu kochte er den Kaffee. Bald war der Raum mit einem köstlichen Duft erfüllt, und Wilda sog ihn sehnsüchtig ein. Hatte sie schon Wahnvorstellungen?

„Wenn ich es nicht besser wüsste", rief sie, „würde ich glauben, dass jemand Kaffee kocht."

„Vielleicht ist der Toast angebrannt", murmelte Arthur. Er hätte das Geheimnis am liebsten erst gelüftet, wenn die ganze Familie am Tisch saß. Doch da kam Wilda schon hinter den Regalen hervor und entdeckte zu ihrem Erstaunen – eine Kanne Kaffee auf dem Tisch!

„Fröhliche Weihnachten von Clarence!", rief Arthur aus.

Es wurde ein wunderschönes Weihnachtsfest. Am besten lassen wir die beiden selbst zu Wort kommen. Doch dazu müssen wir noch einen Tag zurückgehen, denn das beste Geschenk kam am Heiligen Abend von ihrem himmlischen Vater.

„Das wunderbarste Weihnachtsgeschenk war, dass der Herr am 24. Dezember Timothy von uns fortnahm. Er zog nach Sining. Danach konnte Ben hin und wieder mit uns reden, und selbst die Pastoren sprachen gelegentlich mit uns. Keine Späheraugen beobachteten mehr das Tor, kein Ohr war mehr gespitzt, um jedes Wort zu verstehen. Was für eine Erleichterung! Hätte er einen besseren Zeitpunkt wählen können!?

Am 25. Dezember erwachte Lilah schon vor Tagesanbruch und konnte kaum erwarten, dass endlich der Weihnachtsmann kam. Kein Vergleich zu dem jämmerlichen Zustand, in dem sie sich vor einem Jahr befand.

Unser Rosenstock war noch grün und diente als Weihnachtsbaum. Darunter lagen Lilahs Geschenke: ein Stoffelefant und ein Clown, aber auch Bücher, Abziehbilder, bunte Bänder, Taschentücher, ein Luftballon in Form eines Hundes und vieles mehr.

Ein Freund kam am Vormittag vorbei und schenkte Lilah Süßigkeiten und ein Plastikpüppchen. Ben schenkte ihr ein Stehaufmännchen.

Dann kam am Weihnachtsabend noch ein Geschenk von dem, der an diesem Tag geboren wurde. Da Timothy fort war, traute sich der hiesige Pastor an unsere Tür, wünschte uns fröhliche Weihnachten und erzählte, dass die Kirche voll sei mit Menschen, die gar nicht zur Gemeinde gehörten, aber nun gemeinsam mit den Christen Lieder singen und die Weihnachtsbotschaft hören wollten.

Was hatte all diese Menschen, die in einem atheistischen Staat lebten, bewogen, an diesem Tag in die Kirche zu gehen? Wir können sicher sein, dass unsere Entbehrungen, Verluste und Leiden die beste Möglichkeit sind, das Evangelium der Gnade Gottes den Menschen näher zu bringen. Vielleicht hatten sie die „grünen Blätter" in der Dürre gesehen. Sie selbst waren bis zum Bersten ausgetrocknet. Und so wollten sie wissen, was den Christen die Kraft gab, klaglos auszuharren und trotz ihrer geflickten Kleidung und abgemagerten Körper fröhlich zu sein."

Und noch etwas Schönes geschah. Im Brief heißt es weiter:

„Am Tag nach Weihnachten kam ein wunderbares Paket an – mit drei Tafeln Schokolade, Büchern, einer aufziehbaren Spielzeuguhr, Buntstiften und einem Malbuch für Lilah. Wir haben nie erfahren, wer das Paket geschickt hat und wie es durchgekommen ist …"

Wie gut wusste Gott Bescheid über die leere Vorratskammer in jenem entlegenen Winkel der Welt! Und wie unterschiedlich waren die Mittel und Wege, durch die er die Vorräte in aller Stille auffüllte:

– Ein englischer Geschäftsmann mir seinen vielen Hemden.

– Eine alte, todkranke Tibetanerin.

– Eine Familie von russischen Christen, die allein viermal halfen: mit Fleisch, Salz, wattierten Stiefeln und – nicht zuletzt – als Geburtstagsgäste.

– Liebe Menschen aus der fernen Schweiz, von denen sie noch nie gehört hatten.

– Chinesische Christen – darunter ein junger Mann, der aus dem Glauben lebte.

– Eine Stimme, die Arthur zuflüsterte: „Geh noch einmal hin", nachdem er von Felix fluchend weggejagt worden war.

– Und dann all die wunderbaren Weihnachtsgeschenke: Spielsachen für die kleine Lilah, Kaffee aus dem Pfandleihhaus für die Mutter. Ein Weihnachtspaket mit Schokolade von völlig unbekannten Menschen. Weiß Gott Bescheid, was uns fehlt? Und ob!

Und zuletzt noch die Krönung: Der Judas wurde direkt zu Weihnachten aus ihrer Mitte entfernt! Dazu die Kirche – vollgepackt mit Menschen, die die frohe Botschaft hören wollten!

Falsche Versprechen

Das langsame Zermürben von Hoffnung ist eine besondere Art der Folter. Totalitäre Staaten wenden sie gern an, um ihre eigenen Zwecke zu verfolgen.

Im Januar 1951 hatten die Mathews zum ersten Mal einen Ausreiseantrag gestellt. Es wurde März, bevor der Eisvogel erschien und Arthur in Aussicht stellte, dass sie das Land sofort verlassen könnten – falls Arthur mit ihnen kooperierte.

Danach war vier Monate Funkstille. Dann teilte die Polizei in Sining Clarence Preedy mit, die Mathews würden als Erste das Land verlassen, danach die McIntoshes!

Clarence teilte ihnen dies durch einen chinesischen Christen mit, der nach Hwangyuan reiste. Das war damals, als sie hofften, sie könnten rechtzeitig ausreisen, um Wildas Eltern noch zu sehen. So trafen sie die Vorkehrungen zur Ausreise und hielten sich eine ganze Weile zum sofortigen Aufbruch bereit. Nie sagte man ihnen, dass alles ein bewusst falsch gegebener Alarm war.

In diesem ersten Jahr 1951 bis Ostern 1952 waren sie rastlos und unruhig, beobachteten ständig den Kalender und die Ausreise der anderen CIM-Mitarbeiter – mehr als sechshundert verließen in diesem ersten Jahr China. Die Mathews lebten in der ständigen Hoffnung, dass sie als Nächste an der Reihe wären. Einen Monat nach Clarences Benachrichtigung teilte die Polizei in Hwangyuan Pastor Jen mit, die Mathews sollten sich zur Ausreise bereitmachen. Da diese gehört hatten, dass die McIntoshes und Mary Milner sich bereits in Sining aufhielten, schien das nur glaubhaft. In den folgenden Monaten kamen noch weitere Andeutungen, aber nie wurde die Sache konkret.

Dann kam die Zeit, als sie lernten, an Gottes Willen *Freude* zu haben, statt sich ihm bloß zu unterwerfen. Das nahm ihnen die dauernde innere Spannung. Sie fanden ein Ja dazu, weiterhin in Armut und unter demütigenden Umständen zu leben; und sie bezeugen, dass der Friede Gottes sie von da an nie wieder verlassen hat. Sie ließen sich durch leere Versprechungen nicht mehr unterkriegen, sondern erstarkten – „und ihre Blätter blieben grün ..."

Ein Jahr nach der irreführenden Anweisung, sich zur Ausreise bereitzuhalten, erschien Pastor Jen an ihrer Tür. Sie waren überrascht, denn zu jener Zeit durfte er eigentlich schon nicht mehr mit ihnen sprechen.

„Pastor Chin und ich kommen gerade von einer Sonderversammlung der Polizei", meinte er. „Der Polizeivorsteher sagte zu mir: ‚Sie haben Ausländer auf der Station? Teilen Sie ihnen mit, dass sie noch einmal die Ausreisegenehmigung beantragen sollen.' Das ist meine Botschaft an euch."

Das klang durchaus überzeugend. Ihr Guthaben, das Felix verwaltete, ging zur Neige. Da sie also bald mittellos sein würden, konnten sie dieses Mal wohl glauben, dass sie tatsächlich ausreisen durften. Und so ließen sie Passbilder anfertigen, stellten noch einmal die Anträge und hielten sich bereit. Aber wieder tat sich nichts. Doch der Friede Gottes verließ sie nie.

Arthur schreibt:

„Falscher Alarm! Wir wurden auf Umwegen informiert, dass wir noch einmal einen Ausreiseantrag stellen sollen, falls wir immer noch den Wunsch hätten, nach Hause zu fahren. Das taten wir umgehend, aber immer noch war es nicht ganz in unser Bewusstsein gedrungen, dass man sich hier offenbar einen Scherz mit uns erlaubt. Ähnlich verhält es sich, wenn wir immer wieder einen Antrag auf Geldzuweisung stellen müssen und man uns sinnlos hin- und herlaufen lässt ...

Am Vormittag verrichte ich alle Arbeiten außer Haus und habe dann am Nachmittag Zeit zum Schreiben. Nach all dem Wasser, das ich geschleppt habe, müsste ich eigentlich schon so lange

Arme wie ein Gorilla haben. Bei der Schneeschmelze war der Fluss so schmutzig, dass ich ein gutes Stück weiter laufen musste, um an eine Quelle zu kommen – das bedeutet einen Weg von ungefähr einer Meile. Diesen Gang mache ich meistens zweimal täglich."

Und Wilda schreibt:

„Es ist wunderbar zu wissen, dass Gott einen Plan für unser Leben hat. Wir sind zu einem bestimmten Zweck hier, daran zweifle ich nicht. Ich habe mir immer solche Sorgen um die Zukunft gemacht, doch das ist jetzt vorbei. Er weiß, was am Besten für uns ist.

Wir benutzen nun seit eineinhalb Jahren Blechgeschirr; denselben Topf zum Abwaschen und Kochen. Wir haben keine Vorhänge, keinen Bettüberwurf, einfach nichts, was unsere Behausung zu einem gemütlichen Heim macht. Wie oft habe ich mich danach gesehnt, dies möge anders sein, besonders für Lilah hätte ich gern manches anders gehabt. Aber ich habe inzwischen gelernt, dass diese Äußerlichkeiten wohl angenehm, aber nicht wesentlich sind."

Nach dem fröhlichen Weihnachtsfest 1952 begann ihr drittes Jahr in Hwangyuan.

Am 8. Januar teilte man Clarence Preedy in Sining mit, er selbst, Wilda Mathews und Lilah sollten sich sofort zur Ausreise bereithalten – Arthur und Rupert Clarke dagegen müssten noch im Land bleiben.

Den ganzen Januar hindurch erhielt keiner von ihnen eine Geldzuteilung! Doch auch die Ausreisegenehmigungen ließen auf sich warten. Arthur schreibt:

„Wir gerieten wieder einmal in Aufregung, als wir hörten, dass Wilda und Lilah sofort das Land zu verlassen hätten. Wir mussten alles umpacken, aber mittlerweile haben wir uns wieder beruhigt. Steter Tropfen höhlt den Stein – und gewisse Leute verstehen sich ausgezeichnet auf diese Art der Wasser-

behandlung ... Dies ist nun das fünfte Versprechen zur Ausreise, das nicht eingehalten wurde!"

Nun ging es den Männern in Sining finanziell sehr schlecht. Auch Arthur hatte die Weihnachtsüberweisung bereits aufgebraucht. Doch als Lilahs Milchgeld eintraf, beschlossen sie, es an die beiden Männer in Sining zu schicken. Aber auch für Lilah wurde gesorgt – doch dazu müssen wir ein wenig ausholen.

Als Timothy zum Verräter wurde, schien auch Ben eine Weile zu schwanken. Wilda und Arthur, aber auch der russische Christ beteten intensiv für Ben, und allmählich hielt sich Ben wieder zu den Missionaren. Er bewohnte einen kleinen Raum neben der Küche, der nur durch eine Schrankwand abgetrennt war. Die Schubladen des Schrankes ließen sich von beiden Zimmern aus herausziehen.

Da Timothy alles beobachtete und mithörte, hatte Ben eines Tages die Idee, seine oberste Schublade herauszuziehen und einen Zettel in die Schublade der Mathews zu legen. Oder er flüsterte mit ihnen durch den Hohlraum, wenn beide Parteien ihre oberste Schublade herauszogen.

An dem Morgen, als sie Lilahs Milchgeld nach Sining geschickt hatten, kam wie gewöhnlich die alte tibetanische Frau, die ihnen Milch verkaufte.

„Bitte bring uns eine Weile keine Milch mehr", sagte Arthur zu ihr. „Wir haben gerade kein Geld dafür."

Aber die alte Dame war etwas schwerhörig. „Was ist mit der Milch?", rief sie.

„Bring uns keine mehr, bis wir wieder welche bestellen!", rief Arthur zurück.

„Warum? Ist meine Milch nicht gut?", rief die Alte bestürzt.

„Doch, die Milch ist gut", brüllte Arthur. „Aber wir haben kein Geld." Endlich begriff die Frau, und natürlich hatten es nun auch alle anderen auf dem Missionsgelände gehört!

Als Arthur ins Haus zurückkam, hörten sie ein Geräusch an Bens Schublade. Als sie die ihre aufzogen, lagen hunderttausend chinesische Dollar (ungefähr 4,50 US-Dollar) darin. „Ihre Frau und das Kind brauchen die Milch nötiger als ich. Ich kann von Kartoffeln leben", sagte Ben schlicht.

Wilda und Arthur waren tief bewegt. Ben hatte keinen, der ihn regelmäßig unterstützte. Wenn er kein Geld mehr hatte, ernährte er sich von billigen Kartoffeln. Wenn er dagegen eine besondere Zuwendung erhalten hatte, genehmigte er sich Nudeln.

Nun hatte Ben einen Onkel, der Parteimitglied war und ihm einen guten Posten bei der Regierung angeboten hatte, wenn er seine religiösen Ansichten aufgäbe! Doch Ben hatte ihm geantwortet, das komme nicht in Frage, Gott werde ihn versorgen. Erst vor einigen Tagen hatte er eine Spende vom John Sung Bibelinstitut erhalten. Das Geld für Lilahs Milch war ein Drittel von dem, was er bekommen hatte.

Aber mehr noch: Ben bot Arthur auch seine Hilfe an, falls Wilda und die Kleine zuerst ausreisen mussten. Arthur schreibt darüber:

„Wenn Wilda mich hier allein zurücklässt, wird meine Bewegungsfreiheit womöglich noch mehr eingeschränkt. (Das Folgende bezieht sich auf Ben.) *Der oben Erwähnte hat sich freiwillig angeboten, unser Onesiphorus zu sein. Gott segne diesen tapferen einsamen Mann."*

Einen Monat lang hörten sie nichts von der Polizei, und dann stand am Morgen des 5. Februar 1953 ohne Vorwarnung Felix an ihrer Küchentür. Doch lassen wir Arthur selbst zu Wort kommen:

„Unser Geld liegt auf der Bank; ich hoffe, dass meinen Anträgen stattgegeben wird. Heute Morgen hatte ich Besuch von Felix, der mir mitteilte, ich solle meine Frau davon in Kenntnis setzen, dass sie sich bereithalten müsse, in zwei Tagen abzureisen. Er sagte: ‚Sie bleiben hier, bis Ihre Frau ausgereist ist.'

Ich habe noch kein Reisegeld für Wilda bekommen, also kann ich ihr nur zehn von meinen dreißigtausend für den Monat geben. Man hat mir fünftausend für Lilah versprochen, aber ich habe sie noch nicht erhalten, und zehntausend für die Reise, die ich ebenfalls noch nicht habe. Doch der Herr weiß das und wird sich auch darum kümmern. Wir hoffen, dass die Behörden in Hongkong Lilah nicht wieder zurückschicken, da sie in keinem unserer Reisepässe eingetragen ist. Wir wissen nicht, ob wir ein Telegramm schicken können. Falls ja, wird es lauten: ‚FRAUEN SINING, MATHEWS', wenn Wilda und Lilah allein dorthin reisen.

P.S: Alles war gepackt, Fahrkarten besorgt, die Kulis standen bereit, um das Gepäck zu tragen – und dann kam der Befehl, sie sollen bleiben ... Also sind die beiden immer noch hier."

Das war das Schlimmste von allem. Arthur hatte sein weniges, kostbares Geld für Fahrkarten ausgegeben, die nicht wieder erstattet wurden. Wilda und Lilah waren reisefertig, das Gepäck verschnürt. Ein Kuli wollte es gerade auf den Lastwagen heben, als Arthur mit der Nachricht kam: „Halt! Sie haben euch keine Reisebewilligung erteilt."

Die arme kleine Lilah rannte in die Küche, setzte sich in ihren Kinderstuhl, schaukelte hin und her und schluchzte vor Enttäuschung. Wilda schreibt:

„Das war nun das sechste Mal innerhalb von zwei Jahren, dass man uns zur Ausreise aufgefordert hat. Wir regten uns nicht darüber auf (wahrscheinlich, weil wir schon zu oft zum Narren gehalten wurden). Irgendwann hatten wir das Gefühl, dass der Herr selbst hier seine Hand im Spiel hat. Vielleicht können wir ja bald gemeinsam ausreisen oder zumindest von hier wegziehen. Die arme kleine Lilah weinte bitterlich ... aber sie kam darüber hinweg."

Wir können uns sicher vorstellen, dass es Wilda nicht leicht fiel, Arthur allein zurückzulassen. Doch sie wagte keine

Einwände zu erheben. Mrs. Clarke hatte seinerzeit dagegen protestiert, von Dr. Clarke getrennt zu werden, und das hatte die Kommunisten so aufgebracht, dass sie ihn drei Tage lang ins Gefängnis steckten, um sie zu bestrafen. Das wusste Wilda, und so wagte sie nicht, ihre Gefühle zu zeigen. Nur in Gegenwart des Herrn schüttete sie ihr Herz aus:

„Eines Nachts flehte ich den Herrn an, uns zusammen ausreisen zu lassen, doch am nächsten Morgen las ich im Römerbrief: Ja, lieber Mensch, wer bist du denn, dass du mit Gott rechten willst? Hat nicht ein Töpfer Macht über den Ton? – Nun konnte ich nur noch sagen: ‚Nicht mein, sondern dein Wille geschehe.' Welch ein Trost und eine Hilfe, alles einfach ihm überlassen zu können!"

Und doch lebten sie immer in einer gewissen Spannnung. Denn gegen Arthur wie auch Rupert Clarke waren schwerwiegende Anklagen erhoben worden. Sie waren natürlich falsch, lauteten aber auf Mord. Drei frühere Patienten von Dr. Clarke waren gestorben, und ihm wurde nun vorgeworfen, an ihrem Tod schuld zu sein. Arthur fragte sich, was man wohl gegen ihn vorbringen werde.

Nachdem sie sich nun zum sechsten Mal vergeblich zur Ausreise bereitgemacht hatten, warteten sie fast einen Monat, bevor sie wieder etwas von der Polizei hörten. Arthur schreibt:

„Am Sonntag, den 1. März, kam ein Mann in den Hof und teilte mir mit, ‚die Frau mit dem Kind' müssten am folgenden Tag abreisen. Ich meinte, es wäre wohl besser, sie hätten zuvor eine Reisegenehmigung. Ich würde erst dann eine Fahrkarte kaufen, wenn wir eine Bewilligung in Händen hätten. Da befahl er mir, am Abend um sechs Uhr nochmals vorzusprechen. Als ich zur Polizei kam, fragte man mich, ob ich die Fahrkarte gekauft hätte. Da zitierte ich das chinesische Sprichwort ih hwei seng liang hwei shuh (was so viel bedeutet wie: Gebranntes Kind scheut das Feuer). Ich erhielt den Befehl, am nächsten Morgen wiederzukommen.

Nachdem wir am Montagmorgen gepackt hatten, meldete ich mich wieder in aller Frühe bei der Polizei. Ein anderer Mann kam vorbei und fragte, ob meine Frau heute abfahren würde. Ich entgegnete, das hinge von ihnen ab. Ich sei finanziell nicht in der Lage, Geld für Fahrkarten hinauszuwerfen, ohne einigermaßen sicher zu sein, dass diese Fahrkarten auch wirklich gebraucht würden. Dann kam ein anderer heraus und wies mich an, die Fahrkarten am Nachmittag zu kaufen und mich am Dienstagmorgen wieder zu melden, bevor meine Familie abfuhr. Da die Fahrkarten nicht vor elf verkauft werden, der Lastwagen aber schon um zwölf abfährt, war diese Anordnung reichlich fehl am Platz. Doch nach viel Hetzerei – zunächst nach den Kulis, dann um die Familie zu holen, darauf zur Behörde – fuhr der Lastwagen schließlich mit einem Teil der Familie Mathews davon."

Arthur berichtet mit sehr zurückhaltenden Worten, wie Ben ihm geholfen hat. Später bekam dieser Schwierigkeiten mit der Polizei wegen seiner Freundlichkeit gegenüber dem verhassten Imperialisten. Doch Arthur wäre ohne Bens Hilfe verloren gewesen, denn er sorgte dafür, dass eine chinesische Familie, die auf demselben Lastwagen reiste, ihnen beistanden – sie waren regelrecht entzückt von dem kleinen weißen Kind.

Arthur schreibt:

„Ich brauche wohl nicht zu erwähnen, dass ich ohne einen Mitstreiter verloren gewesen wäre – der Herr segne ihn! Er hat sich um das Gepäck gekümmert, es abgewogen, und hielt Wache, während ich ohne ein Ticket bei der Polizei vorsprach. Ich musste ihnen erklären, dass die Haltestelle gut zwanzig Minuten zu Fuß entfernt sei. Würde ich dort fortgehen, ohne das Ticket gekauft zu haben, würde es schwierig werden, mich um die Reisegenehmigung zu kümmern und vor Abfahrt des Wagens wieder zurück zu sein. Welche Erleichterung, als ich die Reisegenehmigung in Händen hielt!

Lilah schwenkte glücklich einen Ballon, der an einem Stab befestigt war, als der Lastwagen sich in Bewegung setzte. Sie saß sicher und zufrieden auf dem Schoß eines netten Herrn, der sich zusammen mit seiner Frau darum kümmern sollte, dass am Ende der Fahrt für Wilda und Lilah gesorgt werden würde.

Ich verbrachte den ganzen Nachmittag damit, ihre Betten aus der Küche zu entfernen und überhaupt sauber zu machen. Nun stelle ich mich auf die letzte Etappe ein. Bin mal gespannt, ob sie mich jetzt von Luft leben lassen! Hätten Harry und Elisabeth Gould uns nicht geholfen, wären wir völlig am Ende gewesen. Clarence Preedy geht es finanziell wieder besser, und so werden Wilda und Lilah dort auch besser aufgehoben sein als hier. Bücher habe ich genug. Preedy hat mir an die zwanzig geschickt, also wird zunächst keine Langeweile aufkommen. Und der Flickkorb quillt geradezu über!"

Am 4. März 1953 hatten sich Wilda und Lilah von Arthur in Hwangyuan verabschiedet. Am 15. März verließen sie Sining zusammen mit Clarence Preedy. Am 24. März überquerten sie die Freiheitsbrücke nach Hongkong. Wilda schreibt:

„Ist das Hongkong? Zum hundertsten Mal in diesen neun Tagen, während wir vom äußersten Nordwesten Chinas an die Küste reisten, stellte das kleine Mädchen diese Frage. Was für ein herrliches Gefühl war es für ihre Mami und ihren „Adoptivonkel", endlich sagen zu können: ‚Ja, das ist Hongkong!' Es ist schier unmöglich, unser Gefühl der Erleichterung, Freude und Dankbarkeit zu beschreiben."

Natürlich wollte man alle Einzelheiten über die beiden Zurückgelassenen erfahren, und so verfasste Wilda einen Rundbrief.

„Bevor Clarence aus Sining abfuhr, bekam er noch Antwort auf einige Fragen, die er gestellt hatte.

1. Rupert darf in die Stadt gehen, um Gemüse zu kaufen.

2. Man hat ihm das Sparbuch ausgehändigt, und er kann jetzt Geld abheben.

3. Arthur kann seine monatliche Zuteilung über Rupert erhalten.

4. Rupert hat die Schlüssel bekommen.

Rupert und Arthur sind im Allgemeinen zuversichtlich und bei guter Gesundheit. Im Moment haben beide gefüllte Vorratskammern und genügend Geld zur Verfügung."

Von dem Polizisten, der Wilda an der chinesischen Grenze abfertigte, wurde sie gefragt, ob sie wisse, warum sie das Land verlassen dürfe.

„Nein", gab sie zu. „Können Sie es mir sagen?"

„Sie haben die Ausreisegenehmigung erhalten, weil Ihr Geld aufgebraucht ist. Doch Ihr Mann und Dr. Clarke gehören zu einer anderen Kategorie. Das sind Kriminelle, und die Regierung weiß, wie sie mit solchen umzugehen hat."

Das war alles, was Wilda über die „Anklage" wusste, die gegen Arthur erhoben wurde. Natürlich war es Taktik der Regierung, die letzten Mitglieder einer Mission oder Organisation zurückzuhalten, egal, um wen es sich handelte. Sie wollten an ihnen all den Hass auslassen, den sie gegen die gesamte Personengruppe hegten.

Man durfte sie mit fadenscheinigen Versprechungen quälen, sie scheinbar loslassen und dann doch wieder zurückhalten – doch nur so lange, bis Gott Einhalt gebot. Der Raub sollte dem Gewaltigen doch noch ganz entrissen werden, so wie Gott es ihnen seinerzeit zugesagt hatte.

Endlich frei

Nun war Wilda sozusagen zu uns anderen an die Küste von Malta gestoßen und beobachtete besorgt die letzten beiden kleinen Punkte in der Ferne, die sich inmitten der tosenden Wellenberge auf- und abbewegten.

Sobald sie in eine wärmere Gegend gekommen waren, schickte sie ihre wattierte Kleidung an Arthur zurück. Und als sie Kanton erreichten, entdeckte Clarence, dass sie eine Million Inflationsdollar übrig hatten. Er hatte sich bei der Schätzung der Reisekosten an die Ausgaben der McIntoshes gehalten, doch offenbar hatten sie billiger reisen können. Da sie kein chinesisches Geld über die Grenze bringen durften, steckte Clarence die Million – unter Gebet – in einen gewöhnlichen Briefumschlag und schickte ihn an Arthur. Ein Wunder: Sowohl die Kleidung als auch das Geld kamen sicher an!

Wie schon erwähnt, war Arthurs erste Reaktion auf die Abreise seiner Lieben große Erleichterung. Doch bald stand er allerlei Sorgen und Schwierigkeiten gegenüber. Würde man Rupert gestatten, ihm Geld zu senden? Was empfand er wohl, als er den Briefumschlag öffnete und eine Million Dollar (ungefähr 45 US-Dollar) darin fand! Und dann das Kleiderpaket! Überglücklich schreibt er:

„Habe ich euch schon berichtet, dass Wildas und Lilahs Kleider zusammen mit denen aus anderen Paketen sich als eine große Hilfe erwiesen haben? Ich konnte sie gegen Lebensmittel eintauschen und bekam dafür über zweihundert Eier, vier Hühner und Milch in Hülle und Fülle. So fällt es mir leichter, an den Zoll zu denken, den ich für die Pakete aus Hongkong und der Schweiz zahlen musste.“

Doch dann setzte die Sommerhitze ein, und mit ihr kamen die Unmengen von Fliegen, Insekten und den

Krankheiten, die sie mit sich bringen. Zudem hatte Arthur wieder Zahnprobleme und rheumatische Schmerzen. Er schreibt:

„Ich überlege ernsthaft, ob ich nicht einen Pass für einen Kurzaufenthalt in Sining stellen soll, um dort eine Zahnbehandlung durchführen zu lassen. Hier weigert man sich, den Zahn zu ziehen. Wenn sie hören, dass ich leide, bereitet es ihnen zusätzliche Genugtuung, mir den Pass zu verweigern ... Leider kann ich nicht mit den höflicheren Herren in Sining verhandeln, sondern muss mich an die hiesigen Gestalten wenden."

Zu allem Übel bekam er auch noch Magenprobleme! Während er fünf Tage lang krank im Bett lag, fragte er sich, ob dies nicht Gottes Absicht sei, und er ihm nun Dr. Clarke senden werde. Er konnte nicht wissen, dass Rupert Clarke zur gleichen Zeit krank in Sining lag und sich sehnsüchtig fragte: „Ob wohl Arthur herkommt, um mich zu pflegen?"

Wie viele besorgte Gebete stiegen in der fernen Heimat zum Himmel auf, als Wilda und die anderen von der Situation der beiden Männer erfuhren! Am 18. Mai schreibt Arthur:

„Endlich gibt es Erfreuliches zu berichten. Rupert konnte mir eine Geldanweisung per Post schicken, und nun kann ich meine monatliche Rate abheben, ohne Felix einschalten zu müssen. Doch hat die Zusicherung des monatlichen Unterhalts immer auch etwas Hoffnung Vernichtendes. Gestern Abend kam mir dies besonders zu Bewusstsein ... Doch heute morgen kam mir wieder Jeremia zu Hilfe. Der Kommentar zu Kapitel 9,1 lautete: ‚Er flehte um Befreiung, aber er blieb. Das Seufzen seiner Seele vertiefte den Wert der Treue zu seiner Aufgabe.'"

Doch selbst als Monat für Monat die „Hoffnung vernichtenden" Geldanweisungen eintrafen, hörte der beste Wein nicht auf zu fließen. Arthur schreibt:

„Einer unserer Lieblingsverse ist Psalm 34,5: Als ich den Herrn suchte, antwortete er mir und errettete mich aus aller

meiner Furcht. Im Moment haben wir ein Guthaben von 860 000 Dollar, genug für zwei weitere Monatsanträge. Darüber hinaus will ich nicht denken ... Sieht so aus, als würde man sich bald etwas näher mit uns befassen ... Betet um Führung für Rupert.“

Das Letztere bezog sich auf Gerüchte über eine öffentliche Verhandlung – den beiden wurde Mord zur Last gelegt. Solche öffentlichen Verhöre waren etwas Schreckliches. Die Bevölkerung wurde zuvor mit Lügengeschichten so aufgehetzt, dass sie die Hinrichtung des Angeklagten verlangten. Die Freunde daheim sahen die gewaltige Welle, die sich den zwei winzigen Punkten draußen auf dem Meer entgegenwälzte, und beteten inständig, sie möge „brechen“, bevor sie die beiden erreichte.

Ein weiterer Monat verstrich, in dem Arthur eine Bewährungsprobe anderer Art erlebte. Er schreibt:

„14. Juni 1953. Der Teufel scheint seine Aufmerksamkeit auf Wildas Post zu richten. Ich weiß, dass sie alle drei oder vier Tage schreibt, doch einige ihrer nummerierten Briefe fehlen ... Wenn man sich ohnehin nicht gut fühlt und sich fragt, ob der medizinische Ratgeber richtige oder falsche Anweisung erteilt, scheinen sich die Tage unendlich dahinzuziehen.

Kürzlich erfuhren wir in einem Brief, dass ein gewisser Mann durch den Eisernen Vorhang gelassen wurde, weil seine Frau ein Bittgesuch eingereicht hatte. Das sollte man unseren Frauen sagen. Natürlich verlangte diese Information nach einer Antwort, ich wollte Gewissheit haben. Am nächsten Morgen las ich Psalm 52,11: ‚Ich will harren auf deinen Namen.‘ Der Herr sprach zu mir durch einen Kommentar zu diesem Vers: ‚Es gibt nichts Besseres, um unserem Geist Frieden zu schenken und uns auf dem Pfad der Pflicht zu halten (während wir versucht sind, einen indirekten Kurs zu unserer Befreiung einzuschlagen), als zu hoffen und ruhig auf die Befreiung des Herrn zu warten.‘“

Dieser Trost erwies sich nicht als falsche Hoffnung. In weniger als einem Monat befand sich Arthur auf dem Weg in die Freiheit. Doch lassen wir ihn selbst zu Wort kommen:

„An einem Morgen war ich in aller Frühe in den Garten gegangen, um das Gemüse zu bewässern. Mein einziger Wunsch an diesem Morgen war, dass die Rüben gut wuchsen, und ich bald frischen Salat haben würde. Vielleicht könnt Ihr euch meine Überraschung vorstellen, als ich aufblickte und einen Polizisten vor mir stehen sah – und die noch größere Überraschung, als er mich anwies, meine Sachen zu packen und in einer Stunde bereit zu sein, nach Sining abzureisen! Soviel ich weiß, ist keine andere Ausreise eines Missionars auf diese Weise verlaufen. Gewöhnlich wird der Missionar zu einer respektablen Zeit aufgesucht, und man teilt ihm mit, er solle sich zur Ausreise bereithalten; doch dann muss er in der Regel noch Wochen oder Monate in quälender Ungewissheit warten, bevor man ihn tatsächlich reisen lässt.

Ich eilte ins Haus zurück, fachte das Feuer an und nahm hastig mein Frühstück ein; zwischendurch rannte ich die Treppen hinauf und hinunter, um meine Sachen zu packen. Als der Beamte sich ein paar Minuten entfernte, nahm ich die Gelegenheit wahr und warf die verbliebenen Lebensmittelvorräte und das Brennholz rasch in Bens Küche. Dann drückte ich Ben hunderttausend Dollar in die Hand und sagte: ‚Ich fahre jetzt nach Hause, und du musst hier zurückbleiben. Aber ich werde den Christen in meiner Heimat von dir berichten, und sie werden für dich beten.'“

Man kann sich Bens Gefühle gewiss vorstellen! Bald wurde Arthur mitsamt seinem Gepäck aus dem Haus geführt. In seinem Brief fährt er fort:

„Später, als ich auf dem Beifahrersitz (ein ungewöhnlicher Luxus in China) des Polizeiwagens saß, sagte ich mir: ‚Das ist das Werk des Herrn – und es ist wunderbar.'

Nun gab es kein Zurück mehr. Die Initiative zum Handeln war den Menschen, die mich gefangen gehalten hatten, aus der

Hand genommen. Mir schien, als würde Gott sagen: Bis hierher sollst du kommen und nicht weiter; hier sollen sich legen deine stolzen Wellen (Hiob 38,11).“

Er kam um die Mittagszeit in Sining an. Dort wurden sogleich seine Habseligkeiten durchsucht, und man nahm ihm alle Papiere ab: seine Bibel, seinen Pass, sogar die Hüllen seiner Rasierklingen! Dann wurde er ins Gefängnis gebracht, wo er ein Mittagessen bekam. Irgendwann am Nachmittag wurde er zum Gerichtshof geführt und sah unterwegs Rupert, dessen Sachen auch gerade durchsucht wurden.

Arthurs Herz machte einen Sprung. Rupert hatte ihn nicht bemerkt – würde man sie zusammenlegen? Arthur hüstelte, sah, wie Rupert aufblickte und ihn erkannte. Keiner von beiden wagte ein weiteres Zeichen zu geben.

Im Gerichtshof saßen der Richter und die Sekretäre, die das Verhör aufzeichnen sollten. Hinter Arthur stand ein Wachtposten, während der Richter die Anklagepunkte verlas:

„Erster Anklagepunkt. Beihilfe zum Mord im Fall Dr. Kaos 1936.“

Arthur blickte ihm direkt in die Augen und sagte: „1936 habe ich am Melbourne Bibelinstitut studiert. Nach China bin ich erst 1938 gekommen.“

„Ach“, meinte der Richter überrascht. „Wann waren Sie dann in Changyeh?“

„Erst 1948“, entgegnete Arthur.

„Zweiter Anklagepunkt“, rief der Richter und verlas: „Arthur Mathews hat ein Mädchen beim KMT als Kommunistin angeschwärzt. Als Folge davon wurde sie gefoltert und bleibt lebenslang ein Krüppel.“ (Dieser Vorwurf war eine reine Erfindung von Frau Kaos!)

„Dritter Anklagepunkt: Auf Ihrer Reise durch China von Chefoo, nach Tsingtao, Kaifeng, Sian bis Lanchow haben Sie aufwieglerische Reden geführt.“ (Arthur hatte zu der Zeit gerade ein halbes Jahr die Sprache gelernt und war an jedem dieser Orte nur drei oder vier Tage geblieben.)

„Vierter Anklagepunkt: Durch Fotografieren und in Briefen haben Sie bewiesen, dass Sie ein Imperialist sind.

Fünfter Anklagepunkt: Sie haben fremdes Eigentum beschlagnahmt." (Die CIM hatte für viele Gebäude auf Dr. Kaos Grundstück Miete gezahlt, und so durfte die Familie Mathews natürlich in einem Haus wohnen, während sie mit der Gemeinde in Changyeh zusammenarbeiteten. Dieser Anklagepunkt beträfe nicht ihn selbst, erklärte Arthur, sondern die Missionsgesellschaft.)

Der Richter versuchte nun Arthur dazu zu bewegen, ein Schuldbekenntnis für diese Anschuldigungen zu unterzeichnen. Arthur weigerte sich.

„Setzen Sie einfach Ihren Namen hierhin", drängte der Richter. „Dann können Sie sofort zu Ihrer Frau und Ihrem Kind nach Amerika ausreisen." (Vielleicht war das der Grund, dass ihre kleine Familie getrennt worden war – man wollte ein Schuldgeständnis erzwingen.)

„Ich stehe vor Gott – und vor Ihnen", rief Arthur verärgert aus. „Ich bestreite alle diese Anklagepunkte und werde nicht unterschreiben."

„Nun, dann waschen wir unsere Hände in Unschuld", rief der Richter. „Wir schicken Sie nach Lanchow und Changyeh und lassen das Volk entscheiden." Das bedeutete ein öffentliches Verhör.

Darauf wurde Arthur in einen kleinen Raum geführt, in dem Rupert Clarke ebenfalls unter Bewachung stand. Man setzte sie auf den Rücksitz eines Jeeps, verbot ihnen jedoch, miteinander zu sprechen, und fuhr sie zum Gefängnis. Dort steckte man sie in getrennte Zellen, in denen die ganze Nacht Licht brannte.

In Arthurs Zelle waren noch andere Gefangene. Er sah sich um und erblickte an der Rückseite der Tür einen Anschlag:

Vorschrift zur persönlichen Hygiene:

1. Einmal täglich Hände und Gesicht waschen.
2. Häufig den Körper waschen.
3. Kleidung und Bettzeug reinigen.

Doch die Wände waren mit Wanzen übersät, die frühere Zelleninsassen zerquetscht hatten, wenn sie nachts von ihnen belästigt wurden.

Am nächsten Morgen wurde Rupert Clarke zusammen mit zwei katholischen Priestern in den Bürgersaal geführt, während man Arthur über den Hof in einen kleinen Raum geleitete. Über Lautsprecher konnte er mit anhören, wie ihre „Verbrechen" verlesen wurden. Daraus schloss er natürlich, die anderen würden nun deportiert, während er zurückgelassen würde.

Dann kam zu seiner Überraschung ein Polizeibeamter mit einem Papier in der Hand über den Hof gerannt. Bei Arthur angekommen, verlas er erneut die fünf Anklagepunkte, wobei der erste abgeändert worden war: „In Verbindung mit dem Mörder von Dr. Kao 1948." (Da war Kao jedoch bereits zwölf Jahre tot.)

Der Polizist schrie Arthurs Urteil heraus: „Dauerhafte Landesverweisung! Mit sofortiger Wirkung."

Arthur wurde nun in den Hof geführt, wo die Fotografen schon warteten. Von allen Seiten klickten die Kameras, während er in seinen schäbigen Kleidern zum Polizeiwagen gebracht wurde, in dem bereits Dr. Clarke und die katholischen Priester saßen. Diese Fotos wurden später zusammen mit den genannten Anklagepunkten in den chinesischen Kirchen herumgezeigt.

Der Wagen brachte sie zunächst zu einem Gasthaus in Lanchow. Alle vier mussten auf einem großen Bett zusammen schlafen. Arthur fragte sich, wie man wohl weiter mit ihnen verfahren werde. Am nächsten Morgen warteten sie vergebens darauf, zu einem öffentlichen Verhör gebracht zu werden. Nachmittags ließ sie der Schatten eines Polizeibeamten, der über den Hof ging, erschreckt auffahren. Er trat zu ihnen herein und sagte: „Es ist jetzt drei Uhr. Ihr Zug wird in ungefähr einer Stunde abfahren. Legen Sie Ihr Bettzeug zusammen, dass es auf den Wagen verladen werden kann."

Arthur konnte nicht fassen, dass auch er gemeint war. „Ich dachte, Sie wollten mich noch einmal verhören", platzte er heraus.

Rupert gab ihm einen Stoß in die Rippen und flüsterte: „Halt den Mund!" Der Beamte murmelte etwas und ging hinaus. Dann wurden alle Vier zu einem Zug gebracht und in ein Abteil geleitet, in dem sich vier Polizeiwachen befanden.

Am nächsten Morgen teilte man ihnen in Tienshui mit, die Bahnlinie müsse repariert werden. Drei Tage verbrachten sie dort im Bahngefängnis. Doch die Wachen waren freundlich zu ihnen und erkundigten sich sogar, was sie gerne essen würden.

Rupert wünschte sich mutig ein süßsaures Schweinefleischgericht, das sie dann – sogar zweimal! – bekamen.

Von Tienshui aus fuhren sie mit dem Zug weiter nach Hongkong. Als er in dieser ersten Nacht in seiner Koje lag, verspürte Arthur eine solche Erleichterung, dass an Schlaf nicht zu denken war. Die tödliche Welle hatte sie nicht erreicht. So fand das Gebet der Menschen in der Heimat seine Erfüllung. Später schrieb Arthur darüber:

„Als ich in dieser Nacht im Schlafwagen lag, kamen mir immer wieder die Tränen, wenn ich an die Hilfe und den Schutz dachte, die Gott uns hatte zuteil werden lassen ... So wurden auch jetzt nicht nur die Drohungen und Anschuldigungen gegen uns zunichte gemacht, sondern wir durften auch ganz besondere Zeichen seiner Liebe erleben: Erstklassiges Essen,

Übernachtungsmöglichkeiten auf der ganzen Reise nach Hongkong, die Unterbringung in Gasthäusern war gesichert, ein Nachmittag in einem kühlen Teehaus, während wir auf einen Anschluss warteten, ein Wagen ganz für uns auf der Strecke von Sining nach Lanchow, keine Sorgen um Gepäck, keine Reservierungen oder Anstehen um Fahrkarten, keine Verantwortung.

Die einzige Unannehmlichkeit bestand darin, dass wir während der gesamten Reise unter Bewachung standen. Wir durften während der Fahrt nicht herumgehen, und dreizehn Stunden auf hölzernen Sitzen können schon quälend sein. Jedes Mal, wenn der Zug anhielt, sprangen wir auf die Füße, um uns zu strecken – das war gewiss ein komischer Anblick! Doch ich bin sicher, dass alle anderen Ausreisenden vor Neid erblassen, wenn sie von unserer komfortablen Deportation erfahren."

Auf der Fahrt zwischen Kanton und Hongkong, während die lang ersehnte Freiheitsbrücke immer näher rückte, kam Arthur ein Vers aus Psalm 118 in den Sinn: „Dies ist der Tag, den der Herr macht!" Später schreibt er rückblickend:

„Der große Schöpfer aller Tage hat uns während der zweieinhalb Jahre des Wartens auf unsere Ausreise eine große Vielfalt zugedacht. Manche Tage hätten wir gern übersprungen, andere in ihrem Ablauf geändert. Doch er wollte uns lehren, am Anfang eines jeden Tages zu sagen: ‚Dies ist der Tag, den der Herr macht; lasst uns freuen und fröhlich an ihm sein.' Das lernten wir – wenn auch unvollkommen – an Tagen zu sagen, deren Unglück kein Ende zu nehmen schien. So kam dieser Satz am Tag der Befreiung natürlich umso leichter von unseren Lippen!"

Der krönende Abschluss war ihre Ankunft in Hongkong – ohne Pässe! Arthur berichtete später:

„Wir hatten überhaupt kein Geld, konnten also auch nicht Bryce Gray (den CIM-Sekretär) anrufen. Aber Vater Patelli, der

die beiden katholischen Priester in Empfang nahm, schleuste uns mit durch; er lud uns zum Essen und Trinken ein und rief dann Bryce an, um ihm unsere Ankunft mitzuteilen."

Nachdem sie die Freiheitsbrücke überquert hatten, mussten sie noch einmal zweieinhalb Stunden mit der Bahn nach Kowloon fahren, wo sich die CIM-Station befand. Arthur wird nie den Augenblick vergessen, als der Zug zum Stehen kam und der deutsche Priester, der auf der anderen Seite des Ganges saß, plötzlich aus dem Fenster zeigte: „Da sind Ihre Leute!"

Im nächsten Augenblick war Arthur auf die Füße gesprungen, riss die Abteiltür auf und stürzte die Stufen hinunter in die Arme seiner Missionsfamilie. Jeder, der sich nur irgendwie freimachen konnte, war zur Ankunft des Zuges erschienen. Wie groß ist unser Gott! Die letzten Mitglieder der CIM-Familie waren nun in Freiheit!

Dann liefen die Drähte heiß, um die Nachricht über die ganze Welt zu verbreiten: Nach Amerika zu Wilda und Lilah, nach Südafrika zu Mrs. Clarke und ihrem kleinen Sohn, der nur zwei Monate jünger war als Lilah. Nach Singapur in das Hauptquartier der CIM. Dort ließ man den Gong ertönen, um die Mitarbeiter zu versammeln, und las laut das erlösende Telegramm vor: „Mathews und Clarke am zwanzigsten angekommen!"

Sofort brachen alle in Freuden- und Dankrufe aus – vermutlich blieb an diesem Tag kaum ein Auge trocken. „Und so geschah es, dass sie alle gerettet an Land kamen ..."

Ein Nachwort

Wenn Gott pflügt

Gott lässt seine Kinder nicht sinnlos leiden; er straft auch nicht mutwillig. Wenn er pflügt, dann tut er es, um später eine Ernte einzubringen. Dieses Buch schenkt uns einen kleinen Einblick in das Geheimnis dieser Absicht Gottes – und es lässt uns schon etwas von der Ernte ahnen.

Petrus rät uns: „Lasst euch durch die Hitze nicht befremden, die euch widerfährt zu eurer Versuchung" (1. Petrus 4,12). Auch der Verfasser des Hebräerbriefes versichert uns, dass Verfolgung letztlich Frieden und Gerechtigkeit als Frucht bewirkt (Hebräer 12,11). Prüfungen, die Gott uns schickt oder die er zulässt, sind in Wirklichkeit ein Vertrauensbeweis, denn Gott lässt nicht zu, dass wir über unsere Kräfte geprüft werden. Und er will sich darin verherrlichen.

Hatte Gott ähnliche Absichten, als er Arthur und Wilda Mathews in China prüfte? Wollte er beweisen, wie er den Seinen helfen kann, wenn keine andere Hilfe da ist? Wollte er die verborgene Quelle aufzeigen, die ihre Blätter „grün" bleiben ließ? Wollte er ihren Feinden demonstrieren, dass sie Gottes Kinder nicht aushungern können? Wollte er die leidenden chinesischen Gläubigen stärken, die Zeugen ihres Sieges wurden?

Diese ergreifende Geschichte wurde zur Ehre Gottes aufgeschrieben. Sie zeigt, was Gott denen bedeuten kann, die bereit sind, seinen Willen zu tun und seine Prüfungen anzunehmen – so unbegreiflich sie uns auch erscheinen mögen.

J. Oswald Sanders

Isobel Kuhn

Die mich suchen / In der Arena

176 Seiten. ABCteam-Taschenbuch
Bestell-Nr. 3-7655-3984-8

„Dass Sie an Gott glauben, ist nur das Ergebnis Ihrer Erziehung.“ Isobel Kuhn muss ihrem Professor Recht geben. Man hat ihr gesagt, was sie glauben soll, uns sie hat es getan.
Aus dieser Erfahrung heraus beschließt sie, von nun an keinerlei Lebenstheorien mehr ungeprüft zu übernehmen. Dabei empfindet Isobel Kuhn das angenehme Gefühl von ungeahnter Freiheit.
Doch dabei bleibt es nicht lange. Enttäuschungen und ihr selbst unerklärliche Erlebnisse stellen sie bald erneut vor die Frage: Gibt es Gott? Kann man ihn finden?
In diesem Buch berichtet die Autorin von ihren Erfahrungen und Erlebnissen auf der Suche nach Gott. Schließlich ist sie bereit, die Konsequenzen zu ziehen: Sie reist nach China, um dort Gott zu dienen. Doch damit endet ihr Suchen nicht.
Was sie in den Bergen Chinas an Unvorhergesehenem und Ungewolltem, an Höhen und Tiefen erlebt, das beschreibt der zweite Teil ihres Buches: In der Arena.

BRUNNEN VERLAG GIESSEN